中华文明

军事卷

郭辉 著

泰山出版社 · 济南 ·

图书在版编目（CIP）数据

小天下·中华文明. 军事卷 / 葛剑雄主编；郭辉著.
—济南：泰山出版社，2021.8
ISBN 978-7-80634-975-5

Ⅰ.①小… Ⅱ.①葛… ②郭… Ⅲ.①中华文化—青少年读物 ②军事史—中国—青少年读物 Ⅳ.①K203-49 ②E29-49

中国版本图书馆CIP数据核字（2021）第034181号

小天下·中华文明　军事卷
XIAO TIANXIA · ZHONGHUA WENMING　JUNSHI JUAN

策　　划　胡　威
主　　编　葛剑雄
副 主 编　谭好哲
著　　者　郭　辉
责任编辑　王艳艳
装帧设计　路渊源

出版发行　泰山出版社
社　　址　济南市泺源大街2号　邮编　250014
电　　话　综　合　部（0531）82023579　82022566
　　　　　市场营销部（0531）82025510　82020455
网　　址　www.tscbs.com
电子信箱　tscbs@sohu.com
印　　刷　山东通达印刷有限公司
成品尺寸　148毫米×210毫米　32开
印　　张　10.25
字　　数　190千字
版　　次　2021年8月第1版
印　　次　2021年8月第1次印刷
标准书号　ISBN 978-7-80634-975-5
审 图 号　GS（2021）5053号
定　　价　39.00元

总　序

这套丛书命名为《小天下》，自然是出于孟子的话："孔子登东山而小鲁，登泰山而小天下。"孟子的意思很明白，登高才能望远，才能望遍。就是孔子这样的圣人，也必须借助高度，才能超出正常视力的极限。如果只登上高度有限的东山，至多只能看到鲁国的全貌；只有登上当时人心目中的最高峰——泰山，才能阅尽天下。

时至今日，我们早已明白，孔子、孟子心目中的最高峰泰山离地球上的最高峰差距甚大，就是能登上珠穆朗玛峰，能看到的也只是地球这个"天下"的极小部分。只有登上宇宙飞船，并且还得借助特殊的工具，从外太空才能看到地球的全貌。但此话的哲理完全正确，古今不易。所以我们编这套丛书的目的就很明确——为我们的读者提供登上东山、泰山，以至珠穆朗玛峰的阶梯，使他们能不断扩大视野，一步一步“小天下”。

我们主要的读者对象，是高中生、大学生或相应文化程度的青年，也就是说，这套书是适合他们的阶梯。

“书山有路勤为径，学海无涯苦作舟。”韩愈这两句话流传了一千多年，一直是激励青少年刻苦求学的名言。但到了今天，光靠勤和苦已经攀不上书山，渡不过学海了。因为这座书山过于高大，并且每时每刻在增高扩大；这片学海过于浩瀚，并且分分秒秒在拓宽加深。如果一味只讲勤和苦，以一个人有限的时间、精力和生命，也许只是在山麓徘徊，在海滨徜徉。唯有找到了阶梯，又具备攀登的实力；发现了渡船，又有了正确的导航；方能如愿以偿，接近顶峰，靠近彼岸。

人类积聚到今天的全部知识和学科，基本可以分为两类——人文和科学。我们提供的阶梯也就包含这两个部分，有的书侧重于人文，有的书基本内容是科学，有的书两者兼顾。但无论哪一种，都不是哪一门学科知识的简单延伸或扩展，都不是某门课的教学辅导书或什么解题宝典，而是人文与科学的结合。我们的读者，无论他们今后从事何种工作，选择什么专业，发挥哪方面的作用，在社会上处在什么地位，都需要奠定这两方面的基础。就人文而言，重要的是通过哲学、历史、文学、艺术、美学等学科的学习，确立基本的价值观念、审美情趣、生活方式、理想信念，而不仅仅是具体的知识。就科学而言，重要的是通过对自然科学、社会科学主要领域的学习，掌握基本的逻辑推理、归纳综合、分析思维的能力，而不仅仅是具体的概念。

正因为如此，我们的选题并不对应于高中、大学的课程，也不求覆盖全部学科，而是选择了一些关键性、综合性，特别是我们的读者最需要的一些专题，陆续出版。首批的各卷分别是国家、民族、军事、商业、思想、文学、艺术、民俗，后续各卷将分批出版。“小天下”的阶梯将不断升高，不断增宽。

我们的作者都是优秀的学者、教师，尽管他们自己未必已达到一流水平，但要求他们必须应用本专业、本领域的一流成果、权威结论。还要求他们用读者喜爱的表达方式、能明白的语言，像老师与同学们谈心聊天那样来写这套书。我们更希望在这套书问世以后，作者能走进校园，走向社会，与读者们交流，了解他们的需求，听取他们的意见，不断修订完善，使“小天下”的阶梯愈益精良坚实，也使阶梯的使用者持续增多。

葛剑雄

目录

绪 论

在中华文明的天空中，军事的影响就像是漫天的星斗，无论望向哪一个角落，都可以发现它的闪光。

军事文明是人类文明发展中不可分割的一部分。中华文明史的演进，与军事、战争交织在一起。战争就像潮汐一样，在人类历史的海洋中起起落落，永不停息地冲刷、涤荡着人类的文明。军事学者倪乐雄在《战争与文化传统》一书中说过：“要彻底了解一种文明、一个民族和一个国家，就必须深入考察其中的战争行为，考察其中一切与战争有着直接关系、间接关系的事物。因为一种文明、一个民族和一个国家许多重要的特征和秘密都隐藏在战争行为中，并且也往往只有在战争状态下才显现出来。”不了解军事，不了解战争，就无法了解历史的本质。不了解军事史，不了解战争史，也就不能很好地理解几千年的文明发展史以及文明的本质。

中华文明本身就包含着中国自古以来的军事遗产，谁都无法把军事从文明遗产中捡出来丢掉，或者视而不见。在中国的文字中，不仅剑、戟等兵器名词来源于军事，而且伐、戒等很多动词单字也因军事而生。而在日常用语中，起源于军事的词语更为丰富，如“冠军”“偷袭”等常用词，“马前卒”“放空炮”等惯用语，“一鼓作气”“旗开得胜”等成语，“韩信将兵——多多益善”“刘备借荆州——有借无还”等歇后语，“胜败乃兵家常事”“养兵千日，用兵一时”等谚语，“关公面前耍大刀”“程咬金的三板斧”等民间俗语，也都来源于军事。此外，从古至今，历代的诗词、曲赋、散文以及小说等也有大量作品是以军事为题材的；今天仍流行的象棋、军棋等棋类游艺，击剑、射箭等体育项目，也无不继承着军事的文化传统，体现着军事的竞技精神。更为重要的是，以战争为核心内容的军事，对于中国历史的进程、中华民族的融合、中国历史疆域的形成以及中华民族精神的塑造等，都有着举足轻重的作用。

几千年的中华文明史，在某种意义上同时也是一部军事史、一部战争史。很难想象《史记》《资治通鉴》等中国史书以及大量的古籍中，剔除了与军事相关的内容，还会剩下多少东西可以流光溢彩。

从中华文明开启之时，传说中的黄帝到尧舜禹时代，大大小小的战争就相伴而来。其中最著名的是黄帝与炎帝之间的阪泉之战，黄帝、炎帝与蚩尤的涿鹿之战等。后来，黄帝又经“凡五十二战”，才达到“天下咸服”。这些战争的结果，奠定了中华民族的地域和文化基础，并进一步融合了各氏族部落。取得最终胜利的部族首领黄帝由此成为中华民族的共同祖先。

黄帝之后，在古史传说中又有尧、舜、禹时期对三苗的战争。战争以三苗部落的失败而告终，三苗部落被迫西迁，华夏集团延展到汉水流域。随后，中国历史进入夏、商、周时期。夏代建国之初的甘之战，使夏王启确立了世袭专政的新制度。这三代的王朝更替之战以及不断地远征夷方、大伐荆楚，不仅扩大了疆域，也开阔了中原人对中国广大地理环境认识的眼界。鸣条之战，速战速胜；牧野之战，以少胜多。它们对于后世战争形态的发展和军事理论的构筑，都产生了深远的影响。

周幽王被犬戎攻灭后，周平王东迁，春秋时代来临。在约 300 年的时间里，140 余个大大小小的诸侯国，相互吞并，战乱连绵。到春秋结束时，黄河、长江流域仅剩下 7 个大国和十几个小国。在春秋争霸战的舞台上，各诸侯国之间的战争多达480余次，并留下了城濮之战、崤之战等著名战役。通过战争，大多数居住于中原或靠近中原的其他民族逐渐融入了华夏族。到了战国时期，先是形成齐、楚、燕、韩、赵、魏、秦七国争雄的局面，然后秦国从公元前236年到公元前221年，利用16年时间，相继消灭其他六国，结束了自春秋以来长达500余年诸侯纷争的战乱局面，完成了统一大业，建立了中国历史上第一个多民族的中央集权的统一国家，为中国经济文化长期居于世界文明前列创造了条件。秦王朝建立的一系列制度，在以后几千年中，仍被袭用和发展，继续影响着中华文明的进程。春秋战国是中国历史上最混乱的时期，也是中华文明大发展的时期。战争，加速了中华民族的大融合，使中国最终成为一个大一统的国家。这是一个百家争鸣的时代，诞生了老子、孔子、孟子、庄子、墨子、荀子、韩非子、孙子、吴子等彪炳千秋的思想家、哲学家、军事家，诞生了数十部极具价值、影响千古的古典著作，孕育了中国的哲学、政治学、历史学、军事学、天文学、医学、文学、伦理学、教育学等多种学科。春秋战国文化成为中国文化万流奔腾的总源头。

秦代在陈胜、吴广起义中崩溃，又经楚汉相争，终有西汉王朝的建立。汉代取得与匈奴百年大战的胜利，保障了先秦文明的持续发展，开拓了中国的疆域，进一步奠定了中华民族传统思想和文化的基础。东汉末期，董卓之乱后出现的分裂割据局面延续了 90 年之久，由豪强林立，到三国分争，又于 279 年统一于晋。此间，匈奴、鲜卑、羯、氐、羌等各北方民族内迁中原，纷纷建立政权，形成南北朝争战不断的对峙局面。这些北方民族不仅大量吸收了汉人的文化，也以自己的文化习俗影响了汉人，并逐渐融入中华民族的大家庭之中。夺取北周政权的隋文帝经过近 8 年的征战，于 589 年灭掉陈朝，结束了 200 余年的南北分裂，让中华大地重归一统。唐代在隋的基础上又经东征西伐，称雄一世，将中国文化推到古代繁荣的鼎盛期，出现了一大批政治家、军事家、科学家、文学家、艺术家，留下的文史名作、艺术珍品灿若繁星。

接下来的北宋王朝又经过 16 年的战争，结束了自唐朝中叶安史之乱以来的藩镇割据和五代十国的分裂局面，实现了南北方主要地区的统一。此后出现的宋、金南北对峙，让中国历史再次进入战争不歇的时代。蒙古族通过战争灭了金，又灭了南宋，使中华大地上首次出现了汉族以外的民族建立的统一国家。元末的鄱阳湖之战，不仅创造了中国水战史上的著名战例，也奠定了朱元璋平定江南的基础，为以后的北伐和攻灭元朝、统一全国创造了有利条件。明成祖远征漠北之战，维护了明朝北部乃至全国的稳定。郑成功收复台湾之战，结束了荷兰侵略者对台湾的殖民统治，捍卫了中华民族的利益，为中华民族抗击海外侵略者和维护祖国神圣领土的完整统一创造了光辉的业绩。清朝统治者同样通过战争打进山海关，建立新王朝，又经过多年征战，到乾隆年间，形成北至恰克图，南至海南岛和南沙群岛，西至葱岭，东至外兴安岭和库页岛的广大疆域，将今天的台湾、西藏、青海、新疆、蒙古等尽括其中，标志着中国历史上统一疆域的最终形成和中国历史版图的最终奠定。

可见，中国几千年的文明史与战争紧密相伴。大大小小的战争或多或少改变了人类的社会结构、语言文字、政治制度和科学技术。战争是人类利用自己创造的文明成果和技术手段进行相互厮杀的惨烈行为。它既会对文明的发展造成破坏和遏制，又是文明发展的助推器。

中华民族在这几千年的历史长河中，经历无数次战争的冲刷、磨洗和锤炼，各民族之间的对立、差异、界限逐渐缩小。战争最频繁的年代，往往也是民族融合最迅速的时期。春秋战国时期的长期兼并战，令原来居住在中原地区的其他民族进入华夏族之内，原本被视为夷蛮的巴蜀、荆楚、百越等地的各族人民成为汉人的组成部分。魏晋南北朝时期，虽然匈奴、鲜卑、羯、氐、羌等民族一度在中原建立了十多个国家，前后统治达 300 年，但通过战争中的民族融合，各民族杂居相处，有些民族失去了固有特征，同化于汉族和其他民族之中。特别是鲜卑族后裔北魏孝文帝实施全方位汉化改革，推行汉话汉姓，迅速地将统治区内的匈奴、鲜卑、羯等北方民族融入汉族之中。唐末五代十国时期各民族间的政权更替与逐渐汉化，两宋与夏金辽蒙间的不断交战与征服以及元代、清代蒙古族和满族通过战争建立统一的政权，都令民族融合不断加剧。

由于战争在中华民族的融合和形成过程中起到不可替代的作用，因此社会生活中的很多制度和习俗，不可避免会受到不同时期军事制度的影响。如在刑法中，就有“刑起源于兵”之说，认为刑罚最初就是起源于军事的，并将军事征伐看作是最高的刑罚。《国语·鲁语上》中说：“大刑用甲兵，其次用斧钺。”《汉书·刑法志》也称：“黄帝以兵定天下，此刑之大者。”《左传·僖公二十五年》说：“德以柔中国，刑以威四夷。”《国语·晋语六》中说得更直接：“夫战，刑也。”在中国最早的战争动员令——夏初的《甘誓》中，就明确提及了不奉行命令者的处罚措施：“用命，赏于祖；弗用命，戮于社。”此后，战争中的很多惩罚方法，逐渐成为针对民众犯罪的法律参照。

在古代军事制度中，宣誓动员是遂行战争前的重要行动。举行宣誓仪式，为的是声明出师原因，明确赏罚措施，鼓舞斗志。古人打了胜仗归来，往往还要举行凯旋仪式，宣布赏功罚罪。后来这些仪式，进入日常社会生活，形成了一些大型活动开始时有启动仪式、结束时有总结表彰等活动的习惯性程序。战争中向对方“下战书”、发出“最后通牒”、出战“立军令状”等制度术语，也成为民间的一些日常习语。

中国向有“乱世出英雄”“时势造英雄”之说，因为在乱世里，或因外敌入侵，或因暴政内乱，豪杰纷纷出现，群雄并起，他们大义凛然，顶天立地，不畏艰险，所以，国家和民族的英雄大多从战争中诞生，多为历史上的著名将帅。战争对于人类的自我献身精神、英雄主义行为有着巨大的激发作用。只有经过战争的考验，才能显现出英雄的品质，并唤起人们的英雄崇拜意识。每个国家和民族都有仰慕英雄、崇拜英雄的传统，崇拜的既有指挥千军万马、赢得战争胜利的英勇战将，也有运筹帷幄、奇谋妙算的智慧奇才。他们虽然用智用勇不同，但无不具备着赤心为国为民、敢于反抗强敌、百折难易其志、随时不惜献身的高贵品格和做人准则。英雄给人类社会增添了宝贵的精神财富，给大众树立了学习的榜样。他们的业绩和崇高品质，具有巨大的鼓舞、激励和示范作用。中国古代历史中的孙武、孙膑、白起、卫青、霍去病、诸葛亮、关羽、李靖、岳飞、戚继光、郑成功等，无不如是。

战争需要兵器，兵器的发展不仅体现了不同时期科技的发展水平，同时也在推动着科技的发展。传说人类早期氏族“以石为兵”，黄帝时则“以玉为兵”，夏代开始“以铜为兵”，正式迈入金属兵器时代。当把金石制成人与人搏斗的兵器之时，人类也就打开了科技之门。冷兵器的发展史，也是人类的一部冶金史。人类正是通过战争，促进了冶炼技术的发展。青铜是人类最早使用的金属。用青铜作原料制成的兵器有熔点低、硬度高的优点，但也有坚韧和锋利不足的缺点。战争随着实践的发展，对兵器性能的要求不断提高，产生了寻求比青铜更好的原料和更好的生产技术的动因，其结果是促进了铁兵器制造业的崛起。中国在商代就有了刀口上镶有天然陨铁的铜钺。到春秋时期，已将铁器用于军事上。春秋晚期至战国时代，出现了将块炼铁放在燃烧的木炭中长时间加热，使其表面渗碳，然后锻打成钢的炼钢方法。东汉时期出现了鼓风式炼铁炉，在隋唐时代开始用煤炼铁，到明代已用焦炭炼铁。铁给古代兵器的发展带来了巨大的影响，同时也成为人类社会生活中不可或缺的原材料。

金属的冶炼离不开火。同时，火还是战争中的利器。火攻，是中国古代战争中常用的战术，《孙子兵法》中就专门有《火攻篇》，论述战争中使用火攻的方法、条件和原则。公元7世纪至9世纪，中国的炼丹者在炼制长生不老药的过程中，无意间发现了火药的秘密。唐末宋初，火药已被运用在了军事之中。成书于北宋的《武经总要》，不仅记载了多种火球类火器和火箭类火器，还详细开列了三种火药的配方。在宋元之际，火药制成的原始火箭、火枪、火炮已频繁运用于战争之中。元代的火铳是现已发现的人类史上最早的金属管形火器，也是世界枪炮武器的始祖。13世纪，随着成吉思汗的西征，蒙古人把火药和火器传到阿拉伯，阿拉伯人又把火药和火器传到欧洲。于是，欧洲人开始对火器进行改进，火绳枪、燧石枪相继出现。经过100年的时间，欧洲各国完成了从中世纪向近代社会的过渡，冷兵器开始退出欧洲战场，以力大勇猛而受到万人景仰的个人英雄时代结束了。英国军事思想家富勒说，火药的使用，使所有的人变得一样高，战争平等化了。战争中力量的拼比更大程度地变成了智慧的较量。火器直接导致了前所未有的军事革命。不仅战略战术改变了，英雄的标准被全面改写，军事人才的选拔和军事训练的内容也全部改变了。

在战争中，城市因战火而毁灭，而战争结束后，胜利者又在废墟上建立新城；财富在战争中散尽，又在战后重新聚积。城市文明伴随着战争而兴起。古代城市文明的兴起，聚积了分散的人口，从而促进了人类的文化融合，而城市与城市之间大范围的文化交流与融合，不仅依靠贸易，更受战争推动。古代城市的城门和城墙、雄伟的万里长城，都是为了军事防御而建的。被称为“古代水利建筑明珠”的灵渠，是秦始皇南征百越时，为解决粮饷运输问题而修的。曹操在邺城建起铜雀台，也不是简单地为了在上面饮宴赋诗、炫耀武功，而是继承战国时期以来的传统，在都城中设立的可以俯瞰全城的军事战略高地。今天的很多地名也是因军事而得名，且不说山海关、嘉峪关这些著名的军事关隘，河南的偃师市就得名于周武王东征伐纣时在此筑城“息偃戎师”；获嘉县县名是汉武帝东巡至此时，得知征伐大军已获叛乱的南越国丞相吕嘉首级而赐；遂平县县名是唐代李愬雪夜入蔡州，平定吴元济叛乱后所改；北京的高丽营，本是唐太宗亲征高丽班师后，安置归顺大唐的高丽将士及家属的地方；山东的烟台最初是明代初年设立烽烟台之处。而中国各地以“卫”“所”“营”“屯”“旗”等为名的县、镇、村，很多都是源于明清时期曾在当地驻防的军队编制。

战争磨炼了人类的意志，也开启了人类的智谋。战场是军事家斗智、斗谋、斗勇的阵地。因此，战争中孕育出了兵法和兵书。兵法是人类智慧的集萃，兵书是人类文化的奇观。它们既是兵家智慧的精华，也是人类思想的精华，更是中国优秀的文化遗产。它们总结了历代战争的实践经验，揭示了军事活动的一般规律，形成了较为系统的智谋理论。这些智慧权谋，不仅在军事史上占有重要地位，而且对哲学史、政治史、文化史、文学史和科技史，都产生了广泛而深刻的影响，哺育了无数精兵良将，培养出众多军事家、政治家、外交家。在当代社会生活中，大到国际外交、国家交战，小到工商企业经营管理、文化娱乐，无不渗透着兵家的智谋。

《孙子兵法》是中国也是世界上现存最早的一部兵书，被称为“战争中的圣经”“武学之圣典”“兵家之绝唱”。全书虽仅有6000余字，却构筑了一个精美恢宏的兵学体系。它内容完备、结构严谨，13篇既独立成章，又相互联系，上下承启，前后连贯，浑然一体。它的内容包括对战争、军队等基本问题的论述，也包括战略、战术、作战原则和方法等，标志着中国古代军事思想的成熟。随着后世战争实践的变化和积累，兵书不断丰富，中国古代军事思想也不断发展，并逐渐体系化。

中国古代军事思想很早就注重从宏观上考察战争，提出“武为表，文为里”的重要见解，对战争的产生、性质、作用以及对待战争的态度等都有明确的认识，在总体上形成了重道慎战、好战必亡、义兵必胜、以战止战等一系列适应古代社会需要的战争观念。而且春秋战国时期，就出现了“以正治国，以奇用兵”等一系列军事与政治相结合的战略指导思想。早在《孙子兵法》中也已形成了一整套较为成熟的军事战略理念，主要包括将“道”作为决定战争胜负首要因素的“决胜”战略观；追求“不战而屈人之兵”的“全胜”战略观；强调“兵贵胜，不贵久”的“速胜”战略观；等等。中国古代军事思想中的作战原则，具有鲜明的实践性和可操作性，提出知彼知己、兵不厌诈、灵活应变等重要理念，其突出特色是注重谋略，力求以智取胜，不断强调在用兵时要集中优势兵力，并指出作战时必须因敌变化，没有能够以不变应万变的万能战法。历代兵书对于战争中的奇正、虚实、攻守、进退、迂直、主客、长短、吉凶、利害、众寡、强弱、逸劳、胜败等对立态势的相互依存和相互转化，都有着大量深刻的论述，具有非常突出的灵活辩证意识。这些军事思想不仅为中国历代所推崇、所发展，而且早已超出军事领域，广泛地被应用在外交、商业等不同领域之中。

中国历代频繁的战争，也洗礼和塑造着中华民族的民族精神。民族精神，体现的是一个民族的总体性格，是一个民族长期形成的带有本民族特点、体现本民族精神风貌的意志和品格。一个民族只有具备了民族精神，才能在世界上长久立足。中华民族以爱国主义为核心的团结统一、爱好和平、勤劳勇敢、自强不息的民族精神，正是在不断的战争洗历中逐渐形成的。德国军事家毛奇说，在战争中，人类平时潜在的、即将泯灭的最崇高的品质，如勇敢、无畏、吃苦耐劳、责任感、忘我牺牲，都将得到充分发扬。战争是人类罪恶的渊薮，同时也是人类文明的动力，是人类不枯竭的激情与进取精神的源泉。一个民族在战争中更容易焕发民族精神，经历战争才更清楚本民族的精神特征，发扬民族精神，强化民族荣誉感、成就感和自豪感。战争，同时也会促使民族和国家的觉醒，给文明注射进一支强心针。鸦片战争的失败，既使中国人意识到中华文明遇到了前所未有的挑战，也成了中国近代文明史的转折点，让全民族都深刻地认识到：要想赢得中国的自由、独立和和平，就必须得依靠中国人民自己的奋斗。

第一章

战争与中华民族的形成

“中华民族”的概念，是梁启超在 1902 年首次提出的。梁启超在戊戌变法失败后流亡到日本，开始借鉴欧洲的民族主义理论研究中国问题。1901 年，他发表《中国史叙论》一文，首次提出“中国民族”的概念，并将中国民族的历史划分为三个时代：第一，上世史，自黄帝以迄秦之一统，是为中国之中国，即中国民族自发达、自竞争、自团结之时代也；第二，中世史，自秦一统后至清代乾隆之末年，是为亚洲之中国，即中国民族与亚洲各民族交涉繁赜、竞争最烈之时代也；第三，近世史，自乾隆末年以至于今日，是为世界之中国，即中国民族合同全亚洲民族，与西人交涉、竞争之时代也。

1902 年，梁启超又在“中国民族”基础上，首次在《论中国学术思想变迁之大势》一文中，正式提出“中华民族”的概念。他在文中论述战国时期齐国学术思想的地位时说：“齐，海国也。上古时代，我中华民族之有海权思想者，厥惟齐。”1903年，他又发表《政治学大家伯伦知理之学说》一文，清晰地阐述了“中华民族”的内涵：“吾中国言民族者，当于小民族主义之外，更提倡大民族主义。小民族主义者何？汉族对于国内他族是也。大民族主义者何？合国内本部属部之诸族以对于国外之诸族是也。……合汉、合满、合蒙、合回、合苗、合藏，组成一大民族。”1905年，梁启超在《历史上中国民族之观察》一文中，从历史演变的角度，进一步分析了中华民族的多元性和混合性：“中华民族自始本非一族，实由多民族混合而成。”至此，梁启超从名称到内容，真正完成了“中华民族”一词的革命性创造。辛亥革命后，中华民国建立初始，就强调要实行“五族共和”，已表明中国主权属于中国多民族共享的含义。中华人民共和国成立后，除汉族外，又先后认定了55个少数民族。由此，中华民族明确成为56个民族多元一体的统称。

“中华民族”概念虽然出现得晚，但并不等同于中华民族的历史不悠久。中华民族是在中华大地上自有人类以来，经过漫长的历史演化逐渐形成的。而在这个形成过程中，战争起到了至关重要的作用。

第一节 战争与中华民族大融合

1903年，梁启超发表《黄帝以后第一伟人赵武灵王传》一文，认为赵武灵王因抵御北方游牧民族侵扰的功绩，堪称黄帝之后的第一伟人。

赵武灵王本名赵雍，是赵国的第六位国君，因推行胡服骑射而名留青史。而胡服骑射的起因出于赵国与中山国的宿怨，赵武灵王在与中山国的鄗城之战中失利，为了雪耻才发起变革。当时的赵国，东有齐和中山，北有燕和林胡，西有楼烦和秦，南有魏、韩。中山国是赵国的心腹大患，严重威胁着赵国的领土完整。中山国是鲜虞（也称鲜于，白狄的一支）族建立的政权。它正好楔在赵国的中央地带，全境只有东北一小角与燕国接壤，其余皆为赵国所包，将赵国领土隔得四分五裂，而且它经常与邻近的齐、燕联合，共同与赵国为敌。同时，赵国还经常受到其他北方游牧民族的威胁。为战胜中山国，击败北方游牧民族，赵武灵王力排众议，下令全国人民抛弃长袍宽袖，改着胡服，并淘汰战车，改习骑马射箭。据《战国策·齐策》载，赵武灵王称："世有顺我者，则胡服之功未可知也。虽驱世以笑我，胡地、中山，吾必有之。"经过胡服骑射的改革，赵国军事实力迅速增强。从公元前305年起，赵国开始向中山国发起进攻，并于公元前296年将其灭掉。赵国还夺取了林胡和楼烦的大片土地，并修起长城阻止其南下。后来赵国名将李牧在公元前244年大破匈奴之时，同时降服了林胡，林胡的名字自此就在历史上消失了。楼烦则依附于匈奴，后在汉代卫青夺取河套之战后并入汉土，被同化。

鲜虞、林胡、楼烦只是春秋战国时期众多民族中的几支，当时还存在着其他诸多在今天已经消失了的民族。在中原西北部有诸戎，除了曾参与攻杀周幽王的犬戎，在陇西、晋南甚至伊洛之间，还穿插杂居着不同的戎族部落，代国就是北戎所建。同时，在中原北方还存在着诸狄，他们多次进攻齐、晋、郑、鲁诸国，后来整合为赤狄和白狄，但赤狄和白狄内部又分为多部，诸狄都受赤狄中的潞氏部统役，活动在晋国至齐、鲁诸国之间。南部主要是荆楚。荆楚本是苗蛮中的一支，曾参加过武王伐纣之战，所以受封建楚。楚的南面还有卢戎、百濮、南越、闽越、瓯越、巴、蜀、滇、邛都、夜郎等多部。中原东部是诸夷，包括淮夷、群舒等，较为强大的是东南部的吴、越。在春秋争霸的不断战争中，这些民族也因之得到了大融合。分布在关陇地区的诸戎被秦国统一；晋国消灭了诸狄和晋南地区的诸戎；齐、鲁两国灭掉了大部分东夷；楚国统一了长江流域的苗蛮后，又消灭了淮河流域的夷人。长江下游的夷人国家吴、越兴起，相继统一了江浙地区。战国时期，秦国进军巴、蜀，又征服了姜戎；赵国灭掉了中山国和代国，降服了林胡；燕国向东击退了东胡。秦、赵、燕在北境修起长城后，退居长城之外的戎狄各部，与居于原地的戎狄部落混为一体，称为匈奴。楚国继续向蛮、越地区发展，吞并了夜郎，征服了滇国。春秋战国时期的战争，使许多内迁和被征服的民族失去了原来的民族名称，相互差别消失，与华夏融为一体。

春秋战国时期的民族大融合直接推动了经济的大发展。大豆，在春秋时期被称为“戎菽”，是山戎人特有的植物，后因齐桓公伐山戎而“布于天下”。使用畜力本是戎狄各族的重大发明，他们在春秋时期与华夏民族杂居后，互相融合，把使用畜力与农耕技术结合起来，于是出现了牛耕。牛由单纯的祭祀用品变为农业生产工具，正如《国语·晋语》中所说，由“宗庙之牺而为畎亩之勤”。铁在春秋时期的应用，可能与东夷有关。“铁”的古文本写作“銕”，《说文解字》中称“銕，古文铁，从夷”，是指东夷人所拥有的黑金。牛耕和铁器的使用，是农业生产技术上的一次革命，推动着生产方式的变革。此外，春秋战国时期的民族大融合也为秦汉统一国家的建立奠定了基础。

秦始皇完成了统一诸夏的大业之后，中原人民有时又被周边民族称为“秦人”。“秦人”在进入汉代后，很快又被称为“汉人”，也就是最初的“汉族”人。“汉人”的称法，与“秦人”一样，都来源于当时的朝代名称。正是由于刘邦建立了汉代，周边各族才以“汉人”来称呼中原人民，特别是到了南北朝时期，“汉人”的提法逐渐被广泛使用，中原人民也渐渐习惯了以此自称。因此，如果回溯起来，“汉族”中的“汉”字实际上是得自于一条河流——汉水。刘邦把自己建立的朝代称为汉代，是由于他在秦末战争中因灭秦有功而被项羽封为汉王。刘邦被封为汉王，是因为他的封地在汉中一带，而汉中这一地名，又得自于汉水这一条中国中部地区的重要河流。

汉族的说法，虽然至今仍在沿用，但今天的汉族与汉代时的汉族在族群构成上早已大不相同。因为自汉代以后，中华大地上的各个民族，至少又经历了三次大规模融合。

第一次民族大融合发生在两晋南北朝时期。汉代建立后，中原地区仍然饱受着北方游牧民族的威胁。汉王朝与匈奴的常年战争，迫使匈奴发生分化：南匈奴逐渐内迁并融入汉族。北匈奴则部分西迁，部分与鲜卑整合；与鲜卑整合的这部分，也逐渐内迁，向汉族内部融入。在两晋南北朝时期，一方面中原地区战乱不止；一方面北方各少数民族逐渐发展壮大，纷纷立国，与中原政权南北对峙，为民族融合创造了历史契机。两晋以后，“五胡”十六国之间战争频繁，迁徙加剧。北魏孝文帝改革使鲜卑族完全汉化，“永嘉之乱”又迫使中原汉人大批南下，与原住长江流域的南方少数民族杂居同化。到隋唐通过征战统一中国后，这些经过融合的人民，形成了一个被称为“唐人”的新民族共同体。特别是由于唐代前期的国势强盛，“唐人”一度成为很多外国人对中国人的习惯称呼并延续下来。迄今，很多国家的华人华侨聚居区仍有“唐人街”之称。

第二次民族大融合发生在宋代至元代时期。这一时期，由于北方边疆地区辽、西夏、金、蒙古等少数民族政权建立，并一度几个政权同时存在，民族间战争不断。这种动荡的社会环境所带来的民族迁徙与人口掳掠，在客观上再一次推进了各民族间的大融合进程。女真族大批进入中原，讲汉语、改汉姓；党项族也在元代统一中国时基本汉化。特别是元代建立政权后，蒙古族与汉族的融合更加显著。而且西北、西南地区的一些民族与中原民族的关系也得以进一步密切。同时，在中国还涌入了信奉伊斯兰教的中亚居民，他们融入当地的土著居民，共同形成了人口众多的回族。中华大地上的民族共同体进一步丰富。

第三次民族大融合发生在清代。由满族人建立的清朝，是继蒙古人建立的元朝之后，又一次由少数民族政权依靠战争强行入主中原的结果。此后，以八旗为主体的满族人分布到全国各地，经过 200 多年与汉人的共同生活，其语言文字、风俗习惯等都慢慢被同化。西藏、新疆等地的少数民族也进一步加大了与满、汉等族的交融，使得汉、满、蒙、回、藏等各个民族共同成为中华民族的组成部分。

从以上中华民族大融合的发生时期可以看出，在民族大融合的质变阶段，无不伴随着频繁发生的战争。而每次战争、征服后，各民族间互相交流、互学优长，又继续为下一次大融合进行量的积累。正是这种一张一弛的波浪式推进，最终形成了中华民族几千年不断融合和发展的历史链条。

可以说，战争在中华民族大融合的历史中起到了重要的推动作用。但同时，战争的胜负并不是民族融合方向的决定性因素。蒙古族、满族等一度靠着强大的军事力量创建了统治中原的王朝，但民族大融合的结果，却并非汉族蒙古化或汉族满化，反而是蒙古族和满族的汉化。因此，决定民族大融合方向的深层因素，是社会经济的发展。中原地区一直以农耕作为主要生产方式，并且起源早、发展快，远比北方少数民族的游牧生产方式稳定和先进，因此，这些北方少数民族即使暂时征服了中原地区，也仍然要学习社会经济水平更为发达的中原人民，自身逐渐被汉化。南方少数民族虽然有些也同样以农耕为生产方式，但由于受自然条件限制，生产力水平相对较低，同样要向社会经济水平更高的中原人民学习，最终融入中原汉族之中。因而，中华民族大融合的进程，同时也是农耕范围不断扩大、农业技术不断发展的过程。

中华民族大融合以追求更先进的社会经济形式为目标的特征，又使得这一伟大的融合过程，呈现出明显的向心性趋势。这种向心性趋势，从地域上看，是中原周边地带的各族人民向中原腹地融合；从民族上看，是周边各少数民族向中原汉族融合。融合的进程也是梯次推进的。先是由黄河中游推向黄河中下游，又从黄河中下游推向长江中下游，从黄河、长江中下游向黄河、长江上游及主要支流推进，再由黄河、长江两大流域向更远的周边推进。无论是从时间上来看，还是从空间上来看，这种向心性趋势的核心都是中原汉族人民以及最初由他们创造的中华文明。

被融合的各民族不仅接受了汉族的先进生产方式，而且也接受了汉族的先进文化，包括语言文字、思想观念和生活方式等，并共同继承和丰富着中华文明。虽然中华文明在发展中也屡遭挫折，但它却一直拥有着强大的凝聚力、包容力和生命力。它总能吸引着异族人民向它俯首，总能消弭着异族文化对它的破坏，并越来越厚重，越来越强大。历史上的少数民族政权征服汉族地区后，大多都曾最大限度地压低汉族地位，甚至强制汉族人民本民族化，但最终结果与这些少数民族统治者的主观愿望往往背道而驰，反而北魏政权推动的鲜卑汉化却进行得异常迅速和彻底。在世界四大文明中，尼罗河流域的古埃及文明、两河流域的古巴比伦文明、印度河及恒河流域的古印度文明，后来都被外来民族所同化，结束了古文明进程，唯有中华文明得到了完整的保存和发展。中华民族历经沧桑而不衰，历经劫难而不散，反而日益兴盛，在一定程度上，正是得益于深厚而辉煌的中华文明。

第二节　从公天下到家天下

古代神话传说中“后羿射日”的故事，今天已是家喻户晓了。这个故事，最早应该出现在《山海经》中。宋代图书《锦绣万花谷》曾引用《山海经》中的话说：“尧时十日并出，尧使羿射十日，落沃焦（传说中东海南部的大石山）。”汉代刘安《淮南子·本经训》中也称：“逮至尧之时，十日并出，焦禾稼，杀草木，而民无所食。猰貐、凿齿、九婴、大风、封豨、修蛇皆为民害。尧乃使羿诛凿齿于畴华之野，杀九婴于凶水之上，缴大风于青邱之泽，上射十日，而下杀猰貐，断修蛇于洞庭，擒封豨于桑林。”这些文献中提及射日的主人公都是尧时的羿，并非后羿。人们把羿误认为后羿，很可能是后世传说中混淆了根本不同的两位历史人物。后羿虽然也是神射手，但生活在夏代。夏代时，只有君主才能在名字前加上“后”字。“后”是夏启时把“司”字反转过来创造的，就像是“司”字在镜子中的影像，有“发号施令者”之义，是夏代君主的专用名称。夏代灭亡后，才变成如《礼记·曲礼》中所说的，“天子之妃曰后”。

在中国历史上，早期的氏族部落首领被后世尊称为“三皇五帝”。“三皇”一般是指燧人氏、伏羲氏、神农氏，“五帝”则指黄帝、颛顼、帝喾、尧、舜。夏代时君主自称为“后”，商周时期君主自称为“王”。后来秦王嬴政统一中国，认为自己“德兼三皇、功盖五帝”，创造出“皇帝”一词，并自称“始皇帝”，从此“皇帝”才成了中国历代帝王的正式称号。所以，在夏代时，夏启又称后启，甚至连禹也被追称为后禹，那后羿的名字又是如何得来的呢？我们不妨先从夏代建国说起。

对夏代建国有着决定性意义的一场战争，是发生在公元前21世纪初的甘之战。这对于中华文明史来说，也是一次具有重大意义的战争。战争的起因，是当时有一个强大的部落有扈氏，对夏代的建立者启破坏传统习俗的篡夺行为不满，公然不服从启的命令。

启破坏的传统习俗，就是禅让制。禅让制是由原始民主制发展而来的，体现着原始社会的道德准则。《礼记·礼运》里说："大道之行也，天下为公，选贤与能，讲信修睦。"禅让制就是"选贤与能"的制度。因为这种民主制在漫长的原始社会里一直行使着，所以人们也一直尊崇着这种制度，不容改变。

据《史记·五帝本纪》说，尧年老时要选择继承人，有人提议尧的儿子丹朱，尧认为他"顽凶"，生性顽劣，好争斗，不可任用。有人提议共工，尧认为他"善言""其用僻""似恭漫天"，爱说漂亮话，但别有用心，貌似恭顺，实则连上天都敢欺瞒，也不可用。后来大家提议了一个民间的单身汉，叫舜，名声很好，有能力。尧于是详尽地考查了舜的品德和能力，共考察了3年，之后才将位置让给舜，自己告老还家。尧认为，自己的儿子丹朱德行不够，不具备管理天下的能力，如果把权力交给舜，天下人都得到了好处，只是自己的儿子丹朱受了损失；如果把权力交给丹朱呢，那自己的儿子丹朱是得到了好处，可全天下的人却都受到了损失，所以，他最终没有为了让一个人得到好处，而让全天下的人都遭受损失。这就是禅让制的本质。但禅让制还有一个形式上的程序：等尧去世后，舜先是让位给丹朱，自己避居到南河南岸。等大家都来拥护舜而不去拥护丹朱后，舜才正

尧

式即位。

到舜年老时也是这样。舜因自己的儿子商均不成器，就把位置交给禹。等舜死后，禹先是把位置让给商均，自己避居到阳城去。因民众都拜服禹，禹才继承了领袖之位。等禹年老了，又把天下传给皋陶，但皋陶先禹而死去。禹就又把天下传给了伯益。禹死后，伯益先把位置让给禹的儿子启，自己避到箕山之南。但这一次情况变了，众人都拥护启。所以，启就继承了王位，建立了夏朝。禅让制由此终结了。

众人拥护启，并不是因为启有贤德，胜过伯益。伯益曾协助禹平水土有功，受舜任命，掌管山泽、调驯鸟兽，是畜牧业的开创者，声名和功绩都在启之上。所谓的众人拥护启，是因为启拥有足够的军事实力。这一军事实力，是禹在位期间建立起来的。禹因治水有功，成为舜的继承人后，曾率众大举征伐三苗，通过战争提高并巩固了自己的地位，并先后在涂山和会稽召集过诸侯大会。在后一次大会上，防风之君因为迟到而被禹斩杀，说明禹已经执掌了各部落首领的生杀大权。因此，禹既维护着启的权位，又声言要将位置禅让给伯益，就有了一定的表演意味。《战国策·燕策》中说："禹授益，而以启为吏，及老，而以启为不足任天下，传之益也。启与支党攻益而夺之天下，是禹名传天下于益，其实令启自取之。"禹把天下让给伯益，却让启来掌管着权力；自己老了后，又以启没有足够能力治理天下为由，传位于伯益；启就和他的同伙攻打伯益夺得了天下。这表面上是禹把天下传给了伯益，实质上是让启自己去把它夺回来。

启杀伯益，夺取了领袖权位，但有扈氏对启破坏禅让制的行为不满，对启不服从。于是，启又动用军事手段对有扈氏发起了战争。这场战争为中国历史留下了最早的一篇战争

禹让皋陶

动员令，即《尚书·甘誓》：“大战于甘，乃召六卿。王曰：嗟！六事之人，予誓告汝；有扈氏威侮五行，怠弃三正，天用剿绝其命。今予惟恭行天之罚。左不攻于左，汝不恭命。右不攻于右，汝不恭命。御非其马之正，汝不恭命。用命，赏于祖。弗用命，戮于社，予则孥戮汝。”（夏王将在甘展开大战，于是召集六卿。夏王说：“呵，你们这些掌管六事之人，我现在把誓词告诉你们：有扈氏靠着淫威侮辱天理，背弃天地之间的正道，上天要断绝他的性命。现在我就要对他施行上天的惩罚。你们战车上左边、右边还有御马的人，谁不忠于职守，就是不奉行命令。奉行命令，就会在祖庙前受到奖赏。不奉行命令，就要在社坛前受到处罚，我要罚你们和妻子儿女去做奴隶。”）

启率领夏军与有扈氏经过多次交锋，终于击败了有扈氏，并将其部落成员罚为畜牧奴隶。通过这次战争，启排除了继位干扰，正式废除禅让制，推行世袭制，中国历史上的“家天下”局面由此开始。为了使世袭制得到认可，启还在都城召集众诸侯，举行盛大朝会。夏王朝的统治基础，由此奠定。到启传位于儿子太康时，就再也没有出现反对之声了。这样，中国就由天下为公的“公天下”时代进入了“家天下”时代，并影响了此后中国几千年的历史进程。

“家天下”，是指整个天下的治理权不再通过推选的方式让与贤能，而是被某一家族把持，从而构筑起一种妄图世世代代都要以这一特定家族为核心的社会统治模式。这一模式正是通过世袭制来实现的。而维系或推翻特定的世袭家族大多要依靠战争手段。

在《礼记·礼运》中，孔子详细对比了“公天下”与“家天下”的不同。在“公天下”时代，由于天下为人民所公有，采用的是禅让制，选择贤能来担任领袖，人民之间能够讲求信用、和睦相处，所以“人不独亲其亲，不独子其子，使老有所终，壮有所用，幼有所长，矜寡孤独废疾者，皆有所养。男有分，女有归。货恶其弃于地也，不必藏于己，力恶其不出于身也，不必为己。是故谋闭而不兴，盗窃乱贼而不作，故户外而不闭，是谓大同”（人们不仅仅是照顾好自己的亲人和孩子就行了，还要让所有的老人、壮年、幼童都各得其所，孤寡残疾人也能得到照养。男人都有职业，女人都能婚嫁。人们嫌恶把财物丢掉浪费，但不一定要留着自己用，也嫌恶有力气偷懒不用，但不一定要为了自己才用。因此世间就没有阴谋诡计，也没有窃贼和乱臣。人们外出都不用关门，这就叫做大同社会）。等到世袭制出现后，“天下为家，各亲其亲，各子其子，货力为己。大人世及以为礼，城郭沟池以为固。礼义以为纪，以正君臣，以笃父子，以睦兄弟，以和夫妇。以设制度，以立田里，以贤勇知，以功为己。故谋用是作，而兵由此起”（天下成了一家一姓的天下，人们只管自己的亲人和孩子，自己的财物和力气只为自己所用。王公贵族把世袭作为礼法，修建城池来加固防护。把礼义作为纲纪，来端正君臣关系，加深父子感情，使兄弟和睦、夫妻和美。通过建立制度，来划分田地，通过尊重英勇和有才智之士，来为自己建立功业。所以，阴谋由此而生，战争由此而起）。

这一对比，虽然鲜明地阐述了“公天下”和“家天下”的区别，但也明显带有厚古薄今的倾向。虽然世袭制取代禅让制，是通过战争这一暴力手段实现的，但它既是由生产力发展推动的，也是人类文明进步的必然结果。“大同社会”尽管历来有人向往和歌颂，但古代大同社会的经济基础是社会生产力的不发达，是在物资相对匮乏、财富没有积累的原始社会时期才会出现的理想政治状态。随着文明进步和生产力提高，到禹统治时期，部落领袖权力的集中和财富的积聚，自然令其不甘心将统治位置让与他人。同时，权力和财富又可以成为招徕和集聚拥护者的重要政治和经济保证。经济基础的改变必然也会带来政治制度的改变。王位父子继承制实质上也是经济上的财富父子继承制在政治上的具体体现和施行。也就是说，旧的原始社会的政治风俗，在经济发展和文明进步达到一定程度后，必然要被新的奴隶社会的国家组织所代替。

“家天下”，也就是王位世袭制的确立，使夏朝成为中国历史上的第一个文明国家。虽然这个国家在文明程度上尚属于早期文明，但这个早期文明国家的建立，在中国社会发展史上却具有着重要的里程碑意义。它标志着中国经过“三皇五帝”以来漫长的文明起源期，正式开始了文明社会的运行。《礼记·礼运》中把“家天下”开始以来的几位统治领袖夏禹、商汤、周文王、周武王、周成王以及周公称为“六君子”，因为他们“未有不谨于礼者也”，“以著其义，以考其信，著有过，刑仁讲让，示民有常。如有不由此者，在执者去，众以为殃。是谓小康”（这六位君子，都谨慎奉行礼制，并以此来彰显礼制的内涵，考察人们的信用，揭露过错，树立讲求礼让的典范，为百姓昭示礼法的仪轨。如有越轨的反常行为，有权势者也要斥退，百姓也会把它看成祸害。这就是小康社会）。《礼记》里所讲的“小康社会”，是针对春秋时期以来的社会战乱而言的，虽低于“大同社会”，但仍保持着政教清明、人民富裕安乐的社会局面。《诗经·大雅·民劳》中说：“民亦劳止，汔可小康。”（民众也劳累了，差不多可以获得些安乐了。）唐宋以后，“小康”一词，渐指虽不富有，但已脱离了贫穷的中等经济生活水平。

启建立起国家后，将都城定在距“禹都阳城”不远的阳翟。据传闻，禹统治时期已把天下划为“九州”。如《左传·襄公四年》里就说，“茫茫禹迹，画为九州”。《汉书·郊祀志》里又说，禹曾经“收九牧之金，铸九鼎，象九州”。所以鼎就成了后世传国的重器，象征着国家政权，故把建都或建立王朝称为“定鼎”，把夺取王权的图谋称为“问鼎”。“九州”也成为后世“中国”的代称。启继承了禹的政治和经济遗产，不仅拥有了军队，还设立了国家机构，有“六卿”“三正”“太史令”等官员，也有“禹刑”之类的刑罚制度，建立起了较为全面的国家机器。

但启到了晚年，开始生活腐化，疏于朝政。启的儿子太康继位后，仍然沉迷享乐，不修政事，造成国内矛盾尖锐，背叛纷增。东夷的有穷氏首领后羿，借着太康外出狩猎之机，掌握了夏代政权。史书称之为“太康失国”或“后羿代夏”。《左传·襄公四年》称：“昔有夏之方衰也，后羿自鉏迁于穷石，因夏民以代夏政。”（从前夏朝国德刚开始衰落之时，后羿从鉏这个地方迁到了穷石，响应夏代民众的呼声取代了夏朝政权。）《尚书·夏书·五子之歌》中也说：“太康尸位，以逸豫灭厥德，黎民咸贰，乃盘游无度，畋于有洛之表，十旬弗反。有穷后羿因民弗忍，距于河。”（太康居于尊位不理政事，由于喜好安乐而丧失君德，民众都怀有二

后羿夺权　太康失位

心。他又四处游猎没有节制，跨过洛水去打猎，100 天都不回来。于是有穷国的后羿，因为人民不能忍受，就隔着黄河拦截了太康的归路。）然后，后羿立太康的弟弟仲康为傀儡君主。等仲康的儿子相继位时，后羿直接赶走了相，自己执掌了政权。但后羿夺得政权后，却由于“恃其射也，不修民事”，又被手下寒浞杀死夺了位置。相也被寒浞追杀。相的遗腹子少康流亡到了有虞国，立志要夺回政权，终于“有田一成，有众一旅”，最后兴兵消灭了寒浞。“有田一成，有众一旅”，出自《左传·哀公元年》的记述，方圆十里为“一成”，“旅”则是现已发现的夏代最高军队编制，一旅 500 人。据称，少康在消灭寒浞的过程中，曾派女艾探查敌方虚实，因此，女艾成了中国史上也是世界史上的第一位军事间谍。少康恢复统治后，采取了一系列休养生息政策，使社会经济得到长足发展，史称“少康中兴”。可见，夏代建立和维持“家天下”的传统，也是通过一系列战争，才得以完成的。

第三节　天下大一统

民间故事中，传说在清代乾隆年间，大臣刘墉为皇上献寿礼，献的是一桶堆成山形的姜，虽然在众多寿礼中最为寒酸，却得到了乾隆的赞赏，因为它寓意着“一统江山”。还有一则故事，说是乾隆案头摆有两件精致的水桶形玉器，一日被碰碎一件，乾隆大为愤怒，纪晓岚解释说，玉桶本就不该有两件，天下只有一件才能叫做“天下一桶（统）”，说得乾隆转怒为喜。乾隆之所以喜欢“一统江山”和“天下一统”的寓意，与中华文明中的“天下大一统”思想有着很大关系。

《尚书·大禹谟》中说尧“奄（覆盖）有四海，为天下君”，《礼记·曲礼下》中则称“君天下曰天子”，都在说，天子的职责是统治整个天下四海的。这里的“天下”，是个无限大的概念，不仅仅包括“中国”，还包括东夷、西戎、南蛮、北狄等“四夷”，是一个“天下一体”、涵盖全世界的整体。

而“中国”这个概念，在很漫长的时期里，并不是国家的名称。它主要是指居于中央地位的君王直接统治区。历朝历代几乎都以“中国”自居，并从一种正统的角度，竭力将其他政权排除在外。如在春秋时期，周王朝以及晋、郑、齐、鲁、宋、卫等国自认为是中国，却将秦、楚、吴、越看成是夷狄。可到秦统一六国以后，秦又成了中国的代表，中国人又被称为秦人。但也不是只有据有中原的国家，才自称中国。比如两晋时期，东晋虽然退居于长江以南，却仍然自认为中国，把占据中原地带的十六国看作夷狄。南北朝时，更是南朝骂北朝为索虏，北朝骂南朝为岛夷，双方都自称中国，否认对方。但唐代时，却把南北朝都看作是中国。同样，宋朝也自称为中国，把辽、金、夏看成是夷狄。到元朝时，就把这些政权都视为中国的了。事实上，不但汉族王朝在历史上称中国，就是一些少数民族建立的政权，也自称中国。比如，十六国时期，羯族建立的后赵就曾自称中国。北朝时期鲜卑族建立的北魏、东魏、西魏、北周也都把自己看成是中国。契丹族建立的辽有时也自称中国。满族统治者建立的清朝，更是在与沙俄签订《尼布楚条约》时，将自称的“中国”一词写进了条约。因此，“中国”这个概念在历史中曾经并不稳定，直到 1912 年中华民国成立后，“中国”作为中华民国的简称才正式成为国家名称。

所以，古代帝王几乎不用“中国”二字来代指整个国家，更喜欢用“天下”来表示自己的统治无所不包。而天子作为“天下”的统治者，其义不容辞的责任，就是要实现天下大一统，将文明礼乐推行到整个天下，对全天下进行政治秩序上的规范，不容天下有任何脱离中央政权的政治势力存在。

“大一统”一词，最早出现在《春秋公羊传》中对《春秋》一书开篇“隐公元年，春王正月”的注释：“何言乎王正月？大一统也。”认为“正月”前加一个“王”字，是出于“大一统”的目的。唐代徐彦解释说：“王者受命，制正月以统天下，令万物无不一一奉之以为始，故言大一统也。”唐代颜师古也说：“一统者，万物之统皆归于一也……诸侯皆系统天子，不得自专也。”也就是说，“大一统”要求的是全天下必须遵从天子一人，正如《诗经·小雅·北山》中所说："溥天之下，莫非王土；率土之滨，莫非王臣。"《管子·霸言》中称："使天下两天子，天下不可治也。一国而两君，一国不可治也。一家而两父，一家不可治也。"战国时，李斯就曾奉请秦始皇，要"灭诸侯，成帝业，为天下一统"。可见，这种大一统的天下观很早就成为中华文明中对国家政治目标的理性和系统化认识。分裂在历代政治中都被视为要竭力避免且不可容忍的行为，而"天下大一统"则是国家政治行为的鲜明宗旨和原则，并逐渐成为势不可挡的历史潮流和社会呼唤。

不过，因为古人"天下"的概念中既包括"中国"，又包括"四夷"，所以"天下大一统"思想里又包含着一种"夷夏一体"的民族观。由于古代大部分时间里，"四夷"多居于边疆地带，在文明程度上可能落后于"中国"，"夷夏一体"允许"中国"与"四夷"呈现出主次关系，允许在同质文化中存在着不同的文化层次，这就消解了中原汉族与边疆其他民族因文化层次的差异而存在的固有矛盾，为中华民族的形成提供了整合的基础和资源。但它同时强调的"一体"，又要求"中国"和"四夷"都要统一于中央政权之下，必须是以华夏文明为主导的天下一统。

历代王朝为实现和巩固"天下大一统"，都要大力加强中央集权，树立中央权威，以保证统治中心安全和政权巩固。秦汉帝国的中央集权模式创立后，后世王朝都以其为基本框架，并不断加强，逐渐形成一整套系统成熟的政治制度，同时厉行富国强兵，恢复和发展生产，提升综合国力，以保证大一统和国家长治久安的实现。此外，还非常重视对边疆的经营，把底定中原与统一边疆作为国家政治统一的两个重要内容。

而在古代时期，要实现“天下大一统”，战争基本上是唯一的手段。之所以如此，是受当时生产力发展水平和人类认识能力的限制，经济和政治的优势都无法避免最终的军事较量，因而也就找不到更少破坏、更合情理的统一方式。虽然历史上曾出现过包括以军事实力为后盾迫使对方接受城下之盟的统一方式，但这种形式的统一，也往往是在双方经过长期军事对峙甚至搏杀，其中一方的军事实力已被消耗殆尽、无力再挣扎时达成的。可以说，中国古代统一史同时就是轰轰烈烈的战争史。

然而，这些以生命财产的毁灭为代价的统一战争，又在残酷的杀戮中推动着人类的进步，创造出新的文明。中国每一次走向鼎盛无不是伴随着大一统而得以实现。在中国历史上，历代王朝为实现或巩固“天下大一统”而发起的战争数以百计，其中大部分是为了推动局部范围的统一或是平定叛乱而进行的小规模战争，而全国范围内的大规模统一战争，主要有10次。

秦统一战争是中国历史上第一次全国规模的统一战争。春秋时期以来，中国长期处于分裂战乱之中。秦国经过商鞅变法，渐渐国富民强，成为战国七雄之首。秦王嬴政即位后，采用“连横以斗诸侯”、远交近攻、各个击破的战略，从公元前236年至公元前221年，先后用了15年时间，最终统一了六国，结束了春秋战国500多年的分裂割据局面，完成了中华民族的第一次大一统。

汉高祖刘邦

秦灭亡后，刘邦经过楚汉战争战胜项羽，建汉。由于项羽曾分封许多诸侯王，中原大地上的割据局面再度出现，因而楚汉战争同时也是一场统一全国的战争。刘邦统一中国后，汉代后世帝王通过北伐匈奴、西通西域、南灭南越等战争行为，把中华民族的活动空间在秦代开创的统一基础之上，进一步延伸和扩展。汉代，中国成为当时世界上最为富裕强盛的国家之一。

西汉末年王莽篡政，引发大规模农民起义。汉代宗室刘秀借机建立东汉政权后，又用了10多年时间消灭各地割据势力，最终在“王公十数”、强敌环伺之中，以最初不过黄河中游部分地区的狭小地盘取得了一统全国的战争的胜利。

东汉灭亡后，中国进入了魏、蜀、吴三国鼎立时期。魏灭蜀后，司马炎以晋代魏，史称西晋。在晋、吴隔江对峙的新局面下，司马炎经过13年的准备后，以多路并进、水陆齐发、突然袭击、一举灭吴的战略，分兵六路，于公元280年在数千里长江上正面多点突破，仅用3个月时间就成功消灭了吴国，三分归一统，暂时结束了分裂局面。

但西晋统一未久，就发生了八王之乱，并因此进入国家再度分裂、战乱不息的南北朝时期。杨坚建隋后，采用先北击强敌突厥、后南下灭陈的战略，完成了“统一寰宇”的历史任务，结束了两晋南北朝以来300余年的分裂局面。

隋代末年，太原留守李渊起兵，建唐。为统一全国，李渊采取先定关中、继定中原、后定江南的战略，用了5年多的时间，先后平定薛举和李轨，歼灭刘武周和宋金刚，击败王世充和窦建德，扑灭刘黑闼，并经略江南，最终重新统一中国。

唐朝灭亡之后，中国又一次陷入分裂，出现了五代十国的割据局面。赵匡胤通过陈桥兵变取代后周，建立宋朝，并沿用周世宗“先南后北”战略，陆续消灭南平、湖南、后蜀、南汉、南唐、吴越等地方政权。赵光义即位后，又兵分四路，攻取太原，灭亡了割据河东的北汉政权，实现了国家的局部统一。

南宋末期，漠北蒙古族兴起，铁木真经过24年征战，统一了蒙古诸部落，又经东征西讨，建立起蒙古大汗国。此后，蒙古先联宋灭金，又五征西夏，冉西进欧洲，领土一度横跨欧亚。忽必烈即位后，称帝建元，随即大规模举兵南下，迫使南宋投降，实现了全国大统一。

到了元末，由于民族矛盾日益尖锐，各地起义不断，朱元璋乘机扩充实力，占据长江中下游地区，建立明朝。随后大举北伐，攻占大都，灭掉元朝。此后又用了22年时间，先后消除四川、贵州、云南以及辽东的元代残留势力，使国家重归一统。

明朝末年，中国东北地区的满族崛起，建立后金政权。皇太极继承汗位后，经过多年战争后称帝，并改国号为清。清王朝入关后，为实现全国统治，先发兵清剿李自成和张献忠的农民军，又通过20年的战争肃清南明残余势力，后又经过平定“三藩”之战、进军台湾、征讨准噶尔部等军事行动，最终实现了多民族大一统的局面。

在这10次大规模统一战争中，由长期分裂走向天下一统的战争有5次，分别发生在秦、西晋、隋、北宋、元5个朝代；伴随着改朝换代而进行的统一战争也有5次，分别发生在西汉、东汉、唐、明、清5个朝代。这些统一战争，进一步将“天下大一统”的思想输入到了中华民族的文化深处，形成一种独特的统一文化。国家的统一，对中华文明的发展有着举足轻重的意义，并影响着中国历史的进程。

国家统一有利于保障人民安乐和社会的安定与发展。统一有利于国内不同地区和不同民族之间的交往，有利于不同的社会文化相互交流和融合，也有利于经济的多样性发展和全国范围内的自给自足。历史上政治稳定、经济繁荣的盛世局面，如汉代的“文景之治”“光武中兴”，唐代的“贞观之治”“开元盛世”，明代的“仁宣之治”，清代的“康乾盛世”等，都出现在国家统一时期。

国家统一有利于集中人力物力推动建设和防灾抗害。中央政府可以统筹考虑，调动人员和物资，集中于一处。万里长城、大运河、故宫，以及今天我们仍可以看到的大多物质历史文化遗产，都是在统一时期建设起来的。遇到了自然灾害，如果处于统一时期，国家也可以正常调配粮食、集中人力，进行救灾安民，但若是处于分裂的战乱时期，则会造成极为严重的后果。

国家统一有利于推动边疆开发和促进民族和谐。中国历史的统一，往往诉诸战争，但统一完成后，统治者又往往采取“德化天下”的主张，以“协和万邦”为对外原则，注重改善内部生存条件，发展生产，推行一定的边疆开发政策，使周边与内地在经济和社会发展水平等方面的差距不断缩小。如自秦代开始，北方人的不断南迁，使得江南、岭南得到开发。元、明、清三代大量人口迁往边疆地区，又使得西南、西北、东南诸地得到开发。清代因为起源于东北，保护东北，最终才保留下广袤的东北三省。

“天下大一统”思想，自秦汉以降，一直在支配和规范着历代的政治实践，成为中国政治的至上原则和行为方式。因此，历代不断巩固多民族统一国家这一成果，周边少数民族也以归属中原为正统。大一统的政治体系不断成熟，华夏文化的影响也在不断扩大，农耕文化与游牧文化不断汇聚沟通。即使是周边少数民族入主中原，这些军事上的征服者也都成了文化上的被征服者，他们通过积极学习中原文化，最后都融入中华民族多元一体的格局之中。历史上的匈奴文化、突厥文化、蒙古文化、满族文化乃至域外的佛教文化等，在大一统的格局中，最终无不被消融化解和改造，而中华文明却未曾出现过断层。中华文明如同江河，不仅渊源流长，而且在前进的过程中又得到了足够的川流汇注，就变得越来越宽阔、越来越丰富，最终形成了不竭的长流。

所以，中国历史发展到近代，尽管曾遭遇列强的瓜分、蚕食和侵略，但中国仍能保侍领土的基本统一，成为中华民族重新崛起的基础。

第四节　中国疆域的变迁

疆域，不仅是文明发展的舞台，也是国家存在的根本。但从历史上看，由于内乱、战争、分裂等种种原因，任何一个国家的疆域均难以做到始终稳定，几乎都会经历不同程度的伸缩之变。中国因为历史久远，疆域的伸缩变化也就更加复杂了。

什么是疆域呢？历史上的“疆域”概念接近于我们今天所说的“领土”。它同样也是一个政治概念，但与“领土”

并不完全相同。“领土”是以明确的主权为根据的，一般有确定的界线，还包括领空、领海等内容。但疆域所指的区域并不一定有非常完全的主权归属，也并不一定必须有划定过的界线，其中也不包含领空、领海等概念，它一般只是一个大致的地面范围，史书上往往以“四至八到”来表示。

历史上中国的疆域与构成中国的各个民族有着紧密的关系。无论是今天仍生活在中国疆域内的民族，还是历史上曾生活在今天疆域内但今天已经消失了的民族，都是中华民族的组成部分，他们进入了中国之后的历史都是中国历史的组成部分，因此，他们在历史上活动的地区及其建立政权的疆域，也都是中国历史疆域的组成部分。土地是静态的，但中国历史上的民族则是动态的，因此中国历史疆域也会随着民族的移动而处在不断发展变化之中。

纵观中国历史，中国的疆域历经数千年时间的周边变化，其发展道路十分漫长和曲折。大体上可将中国疆域的变化分为形成、发展、奠定、变迁四个阶段。

在秦代以前，从黄帝到夏商时期，实际控制区域都以黄河中下游地区为主体，短时期曾扩展到长江中下游一带，但其间也存在着并不服从统治的其他部族。周代实行分封制之后，各诸侯基本上以城池为基地，各自为政，并没有形成连成一片的疆域。公元前221年，秦灭了六国，才建立起中国历史上第一个真正的统一国家，并随后开始进一步向四周扩张。公元前 222 年至公元前 221 年，秦始皇派大将王翦等平定了楚国的江南地区和越国旧地以后，继续向东南推进，征服了今浙江南部和福建地区的越人政权。公元前 220 年至公元前 215 年，秦派屠睢为将，率 50 万大军，兵分五路远征岭南，攻打百越，但用兵 5 年，终因粮草不继而大败。公元前 214 年，秦始皇为了运送粮食和战争物资，派史禄在今广西兴安境内开凿了著名的灵渠，将湘江与漓江连起来，此后秦军才在任嚣和赵佗等将领的率领下，夺取了今我国广东、广西和越南东北部一带地区，设置了南海、桂林、象郡三个郡。公元前 215 年，秦始皇又派蒙恬率 30 万大军北击匈奴，收复了河套一带地区，将匈奴击退到阴山以北。后又将原来秦国、赵国和燕国的长城连接起来，修筑成一条西起临洮（今甘肃岷县）、东至辽东（今朝鲜平壤西北海滨）的万里长城。这样，到公元前 210 年秦始皇去世时，秦朝已拥有北起河套、阴山山脉、辽河下游流域，南到今天越南东北部和我国广东大陆，西起陇山、川西高原和云贵高原，东北到朝鲜半岛西北部的辽阔疆域。秦代开拓的这一疆域构成了以后历代中原王朝疆域的主体，也成为中国统一的地理基础。

公元前 202 年，刘邦经楚汉战争战胜项羽后，所拥有的疆域已大不如秦代。北方的匈奴占领了黄河以西、河套及其以南地区，甚至一度推进到今天的陕西和山西北部。南部在岭南地区，原秦将赵佗自立为南越王宣布独立；西南控制区也由云贵高原缩回到四川盆地；东南区域出现的闽越、东瓯政权则控制了今天的福建、浙江地区。汉武帝时，由于经济实力和中央集权的增强，他开始全面出击，拓展疆土。在北方，汉武帝起用卫青、霍去病，率领大规模骑兵集团，在荒漠草原上远程奔袭、迂回包抄，主动追歼匈奴主力，连续取得河南、漠南、河西、漠北诸战的胜利，迫使“匈奴远遁”，将北部边界恢复到阴山山脉一线。在西北方，他命张骞两次出使西域，派赵破奴攻破楼兰、车师，令李广利出击大宛，使西域诸国脱匈奴而归汉。到汉宣帝时，汉朝成功设置了西域都护府，开始对西域实施全面的行政管辖。在南方，汉武帝命唐蒙出使夜郎、司马相如通“西南夷”，又通过对西南用兵，将西南边界扩展到今天的高黎贡山和哀牢山一线。此后，又在南方出动水陆大军统一东瓯、南越和闽越，将南疆推进到今天的我国海南岛和越南中部。在东北方向，汉武帝用兵降服朝鲜，将辖境南推到今天的汉江流域。西汉在秦代疆域的基础之上，正式将西域和河西地区纳入了中国版图。正如清代史学家赵翼在《廿二史札记》中所言：汉武帝“所增地，永为中国四至，千万年皆食其利”。

东汉时期，北部疆界由于北匈奴的不断进攻，被迫南缩。东北疆界也由于高句丽兴起，继续在朝鲜半岛上北退。在西南方向，由于西南境外的哀牢王归附，东汉的疆界向外推进，不仅包括今天的云贵高原全部，而且辖有了今天的缅甸东部。但在南部，随着境外林邑国的扩张，东汉疆域从今天越南富安省南界退至承天省南界。在西北方向，虽然通过几次攻打北匈奴和班超出使西域，使西域都护府两次恢复，但后来又两次撤消，改置西域长史府，部分少数民族地区脱离了汉代统治，边界退到今天天山山脉西段以西。总的来看，东汉时的疆域虽然已比不上西汉强盛时期，但仍牢牢固守着秦代以来所形成的疆域基础。这一疆域基础也基本上是中国自秦代以后各个朝代直至今天中国的核心区。特别是汉朝作为中国历史上第一个长期存在的统一帝国，对巩固中国疆域的基础起到了重要作用。因此，秦汉时期可视为中国疆域的形成阶段。这一阶段，中国疆域稳固，保证了中国文化的整合，所谓三教九流（三教即儒教、佛教、道教，九流指儒家者流、阴阳家者流、道家者流、法家者流、农家者流、名家者流、墨家者流、纵横家者流、杂家者流等九大学术流派）都已形成，并建立了汉族、汉语、汉字、汉服等中华文明的基础，决定了以后中华文化的基本格局。

汉末以后，历史进入三国、两晋、南北朝的常年战乱时期，疆域很不稳定。隋朝建立后，旧有疆域得到大幅恢复。

隋文帝杨坚击退北方突厥人后，夺回了河套地区，把边界扩展到阴山以北。在南方灭掉陈国后，又派杨素转战千里，平定南方各地叛乱。在平定岭南过程中，由于冼夫人带着包括海南岛在内的各州归顺，使得中原政权对海南岛的行政管辖从此之后再无中断。隋炀帝即位后，继续四下固土拓边，南灭林邑，北伐契丹，向西两败吐谷浑，向东登岛稳固流求，又三次远征高句丽。隋代疆域虽未恢复到汉代水平，但为此后疆域广大的唐代打下了良好基础。

唐代完成统一后，由于东突厥大肆南侵，唐太宗派李靖、李勣等连续远征漠北，将北方控制区推广至贝加尔湖以北。在西部，唐太宗先后派李靖、侯君集等向河西走廊推进，击灭吐谷浑和高昌，设立了安西都护府。在东北方向，由于高句丽长期侵占辽东地区，唐太宗两次远征高句丽；唐高宗即位后，灭亡百济，攻占平壤，收复辽东，设置了安东都护府。从武则天到唐玄宗统治时期，唐代又多次稳定西域，抗击吐蕃，反击突厥，巩固东北。因此，唐代拥有的疆域最西曾到达咸海，最北曾抵西伯利亚，最东曾到萨哈林岛（即库页岛），最南抵达北纬 18 度线。唐代的这一疆域四至虽然并未同时达到过，而且维持的时间也并不长久，特别是安史之乱后，疆土就开始逐渐丧失，但就唐代来说，这一疆域已远远突破了以前历代，是空前辽阔的。

唐朝衰亡后，中国再次进入动荡割据时代。五代十国存在了半个多世纪之后，又进入了宋代和辽、金、西夏、蒙古等300多年的多国并立时期。元朝灭掉南宋后，实现了全国空前的大一统。成吉思汗建立蒙古汗国后，仍不停四处征战，不仅消灭西辽、西夏、金和大理，而且远征欧亚大陆，向西占领了今天的俄罗斯和东欧数国，向西南占领了西亚阿拉伯国家，向南攻入印度，但因为成吉思汗在晚年对领地进行了分封，所以到元朝建立时，窝阔台汗国、察合台汗国、钦察汗国和伊儿汗国这四大汗国实质上是独立的，其领土已非元朝所有，当然不能计入元朝的领土范围。然而，元朝所拥有的疆域仍比过去任何朝代都要辽阔。在北方西起今额尔齐斯河，东至鄂霍次克海；在东部，拥有朝鲜半岛东北部；在西南，包括今克什米尔地区以及喜马拉雅山南麓的不丹、锡金等地，以及今缅甸东北部和泰国北部。吐蕃、今新疆东部、蒙古高原以北以及辽河下游以北地区全被纳入了元朝的正式行政区。元朝不仅建立了行省制度，还在澎湖设置澎湖巡检司，负责管辖澎湖和台湾，又在中央设置宣政院，管辖西藏。这些措施，不仅从政治制度上巩固了国家的统一，而且有效地管辖了辽阔的疆域，使中国版图得到了进一步的扩大和发展。因此，从隋唐至元代时期，可视为中国疆域的发展阶段。这一阶段，随着中国疆域的发展，中华文明不断与其他文明碰撞，吸收了大量的外来文化，在风俗、饮食、服饰等诸多方面都发生了明显变化。同时，中华文明对今日周边的日本、朝鲜半岛和东南亚等地区也产生了深刻影响。

朱元璋称帝建立明朝后，由于元朝残余势力北元政权仍据有着蒙古高原及其西北地区，明朝虽然基本上继承了元朝疆域，但并未恢复到前代水平，特别是到了明朝后期，由于北方地区瓦剌、鞑靼各部崛起，以及西南地区安南和缅甸不断强大并脱离中央政权，明朝疆域在北部和西南地区大幅退缩。

清朝入主中原、平定吴三桂等“三藩”之乱、收复台湾以后，重点巩固西域和青藏高原地区，从康熙到乾隆年间，平定了准噶尔部、硕特部以及大小和卓的叛乱，将西藏、青海、新疆全部纳入中国版图之中。后来又通过两次雅克萨之战，签订《尼布楚条约》等，与沙俄确定了中俄东段和中段边界。又在东部确定与朝鲜之间以鸭绿江、图们江为界，并于长白山天池南分水岭上立碑为据。在西南边疆，也相继与廓尔喀（今尼泊尔）、布咯克巴（今不丹）、哲孟雄（今锡金）等划定了边界。这样，清代终于形成了一个北起萨彦岭、额尔古纳河、外兴安岭，南至南海诸岛，西起巴尔喀什湖、帕米尔高原，东至库页岛的空前统一的国家。同时，它对领土的管辖能力也比以前历代更为加强，虽然有些政区或地区仍实行一定程度的自治，但如西藏驻军、宗教领袖继承等涉及国家主权和中央权威的重大问题，必须要由中央政权或代表中央政权的政府代表来决定。这是前所未有的。因此，清代的疆域是中国历史上最为完整也是最为有效的，我们今天中国的疆域基本是清代奠定的。一般认为，从 18 世纪 60 年代到 1840 年以前，也就是乾隆中期到鸦片战争以前清代的领土，就是中国的历史疆域。这是中国经过几千年的发展，成为一个统一的多民族国家所拥有的领土，而后来是由于帝国主义的侵略，才使我们国家领土的形状，从一片秋海棠的叶子变成了一只雄鸡。因此，鸦片战争前的明清时期可视为中国疆域的奠定阶段。

中国历史自 1840 年走入近代以后，由于帝国主义列强不断发动战争，入侵中国，割占中国领土，中国疆域进入了变迁阶段。其中，俄国掠夺中国的国土最多，它通过 1859 年的《瑷珲条约》和 1860 年的《北京条约》，强占了东北地区黑龙江以北和乌苏里江以东地区；又通过 1864 年的《中俄勘分西北界约记》和 1881 年的《伊犁条约》等，强占了西北地区从唐努乌梁海、科布多到巴尔喀什湖、帕米尔地区的大片地区，先后掠夺了中国 150 多万平方千米的领土。1946 年，外蒙古独立被承认，中国再次丧失了 150 多万平方千米的领土。此外，英国、法国、德国、日本、葡萄牙等在近代时期也都参与了对中国领土的侵占，有些遗留问题迄今仍在影响着中国领土的完整。

从中国疆域的变迁过程可以看出，在历史上，战争是历朝历代巩固领土的重要手段。战争胜利了，领土就会得到巩固，战争失败了，随之而来的可能就是领土的丧失。但今天，由于人类文明的进步和当代国际关系的发展，战争已并非巩固领土的唯一手段。中华人民共和国成立后，已与蒙古建立了外交关系，并多次通过平等友好的和平谈判与多数邻国解决了历史遗留下来的边界问题，香港和澳门也分别于 1997 年和 1999 年和平地回归了祖国。不过，说战争并非是巩固领土的唯一手段，并不是说仅仅靠和平谈判就能解决领土问题，其背后必须要有强大的国家实力和国防力量为保障。对于妄图以战争手段破坏国家统一和领土完整的行为，也必须以战争手段予以回击。为和平解决南海问题、钓鱼岛问题、台湾问题，我们更需要不断加强国家实力建设，提高国防水平和军事能力。

第二章

著名战役

在人类文明发展史上，战争是一种普遍而频繁的社会现象。有人说，战争要比和平成熟得早。人类在学会创造和平、维护和平之前，首先学会的是战争。

中国古代究竟发生了多少次战争？这是一个不容易说清楚的问题。首先由于历史记载的疏缺，不可能将人类存在史上发生的每一次战争都记录在册；其次，由于不同时期，人们对各自国土范围的认识不同，在记录的选择上难免有所遗漏；再次，不同的统计资料由于着眼点的不同，以及对战争的认定标准不同，根据同样的史料统计出的战争次数也不会相同。明末清初顾祖禹所著的《读史方舆纪要》一书中，提及发生在清代之前的战争总共有6192次，其中先秦时期661次，秦汉时期682次，三国两晋南北朝时期1677次，隋唐五代时期1411次，宋辽金时期620次，元明时期1141次。

“中国军事史”编写组编写的《中国军事史·历代战争年表》中统计数量为3791次，其中先秦时期657次，秦汉时期411次，三国两晋南北朝时期605次，隋唐五代时期353次，宋辽金时期551次，元明时期787次，清代至1911年辛亥革命前427次。而军事科学院主编的《中国军事通史》一书的《总序》中称，从原始社会末期到辛亥革命之间，在中国各类历史资料中有记载的战争，超过了6000次。其中，从夏代至战国时期有800多次；从秦汉至隋唐五代时期有2000多次；从宋代到1840年鸦片战争爆发前，也有2000多次；从1840年至1911年辛亥革命时期，战争次数为500次左右。

在历代战争中，又有很多著名的战役。这些战役，不仅在不同程度上影响了中国历史的发展进程，而且也同时影响了中华民族的形成，丰富了中华文化，闪耀着中国人民的智慧之光。

第一节　从炎黄之战至秦统一六国

中国见诸文字记载的最早战争，是《战国策·秦策》和《孙膑兵法·见威王》等书中提到的“神农伐斧燧”。但关于这次战争的原因、规模、过程、结局等都没有具体记录，只能推算出，这次战争大约发生在公元前30世纪。

中国历史上讲述得较为具体的第一次战争，是传说中的阪泉之战，大约发生在公元前26世纪。战争在两个部落之间展开。一位部落首领是黄帝，另一位部落首领是炎帝。据《史记·五帝本纪》称，黄帝因“炎帝欲侵陵诸侯”，所以“与炎帝战于阪泉之野。三战，然后得其志”。战争的起因是炎帝想侵略欺凌其他部落，战争地点是阪泉的旷野，最终，黄帝率领“熊、罴、狼、豹、貙、虎”六部军队，经过多次交战，降服了炎帝。炎帝战败后，率领本族加入了黄帝的队伍。炎、黄两族合并后，形成一个强大的部落联盟。这个联盟就是中华民族不断融合壮大的起点，并成为中华民族初步形成的标志。由于以黄帝为首的这个联盟是以龙为图腾标志的，所以，后世的中国人又自称为“龙的传人”。

阪泉之战后，当时中国大地上的氏族和部落主要分为三大部落集团：一是黄河中游的炎黄集团，二是黄河下游的东夷集团，三是南方的苗蛮集团。黄帝战败炎帝后，统一了黄河中游地区，不久又与东夷集团的蚩尤展开一场战争。《史记·五帝本纪》载：“蚩尤作乱，不用帝命，黄帝乃征师诸侯，与蚩尤战于涿鹿之野，遂禽（擒）杀蚩尤。”这次战争，史称涿鹿之战。涿鹿之战与阪泉之战不同，它是两大部族集团之间的较量，因而打得十分激烈，留下了很多神话传说。

比如说黄帝与蚩尤九战九不胜，蚩尤施展法术让大雾弥漫了三天三夜，黄帝的大臣风后在北斗星座的启示下，发明了指南车，才冲出大雾。还传说黄帝在困境中得到玄女的帮助，制作了80面夔皮鼓。夔是东海中的神兽，“状如牛，苍身而无角”，“入水则必风雨，其光如日月，其声如雷”。黄帝用它的皮蒙鼓，又用雷兽之骨作鼓槌，“声闻五百里，以威天下”。这场战争打了很久，最后展开决战。《山海经·大荒北经》里说：“蚩尤作兵伐黄帝，黄帝乃令应龙攻之冀州之野。应龙畜水，蚩尤请风伯雨师，纵大风雨。黄帝乃下天女曰魃，雨止，遂杀蚩尤。”女魃后来就成了中华民族传说中的旱神。蚩尤战败身亡后，黄帝又经“五十二战，天下咸服”，建立起了一个横跨黄河中下游的更大规模的部落联盟，原来的东夷部族融合到了炎黄部族之中。由于东夷部族是以凤为图腾标志的，所以龙凤图腾交汇，就构成了后世中华民族龙凤文化的基础。到了尧、舜、禹时期，黄河流域开始与南方苗蛮集团出现冲突，后经过大禹征伐三苗，逐步将南方部分部族也融入进来。由于炎黄部落集团人数最多，居地最广，农业和文化都发展得最快，所以它在融汇东夷和部分苗蛮文化的基础上，最早进入了文明社会，不仅为后来华夏民族的形成奠定了基础，而且也使其所代表的中原地区古文化占据了中国传统文化的中心地位。

征苗誓师

“华夏”的说法得名于夏代，但并非形成于夏代。夏代的建国只是标志着“华夏”雏形的出现。夏代末年，暴君夏桀在位，国家危难。来自东方的商部落在商汤领导下，日益兴旺。商汤一面振德修兵，一面派伊尹至夏朝探测虚实。公元前16世纪，商汤发起灭夏之战，采取分别剪除夏朝羽翼的策略，令夏朝孤立无援，再采纳伊尹的建议，沿着黄河秘密西进，夏桀仓促应战，双方战于鸣条之野，夏军大败。夏灭商立。这就是鸣条之战。它采用战前用间、各个击破，再长程迂回的战术，完成了中国古代第一次王朝更替。商代末年，纣王无道，周武王继承文王遗志，乘商朝远征东夷之际，会集诸侯东进朝歌，在牧野与纣王匆匆组建的奴隶部队相遇，奴隶倒戈，周军大胜，直抵朝歌，消灭了商王朝，建周。此为牧野之战。

正是经过夏、商、周三个朝代的发展，中原地区的政治、经济、文化才渐趋一致。夏、商、周三代的创立者实际上来自三支并不相同的氏族，但他们通过战争夺取了中原政权后，延续的却都是中原文化。孔子在《论语·为政》中说，“殷因于夏礼”“周因于殷礼”。也就是说，商代和周代都以夏代继承的中原文化为文明核心，又各将自己的地方文化融入进来，才推动了华夏民族的最终形成。尽管他们的祖先崇拜各异，但到了西周以后，都汇聚成了以黄帝为始祖的祭祀系统。《左传》《国语》等一些文献中，已开始把中原地区的各诸侯国称为“诸夏”或者“诸华”，或连称为“华夏”。这里的“华”，原意是“冕服采章”，也就是衣冠华美，反映的是中原地区的礼仪文明和文化特点；“夏”是用以指代“中原国家”，源于夏代以来一直处于统治中心的地理区域。所以“华夏”一词，在当时实际上是对中原地区继承了同一种文明的各诸侯国的统称，以区别于周边的“四夷”，即南蛮、北狄、东夷、西戎。

西周时期，周边实力较强的少数民族，西有犬戎，北有猃狁，东有淮夷，南有荆楚，它们与周王朝的战争时有发生。西周末年，因周幽王宠爱褒姒，想要立之为后，废了原来申后和太子宜臼，引发申后的父亲申伯的不满，就联合西方的犬戎攻入都城，西周因此灭亡。宜臼即位，即为周平王，将都城东迁至洛邑，使历史进入了东周时代。

随着周王室的东迁，春秋争霸战就开始了。揭开这场争霸战序幕的是郑庄公，也就是《古文观止》第一篇《郑伯克段于鄢》中的“郑伯”。在周平王东迁过程中，郑国和晋国的勤王护驾之功尤大，《左传·隐公六年》中周桓王就说：“我周之东迁，晋、郑焉依。”因而，郑国国君被周王任命为王室的卿士，执掌中枢大权。郑庄公即位后，乘机扩大实力，不断吞并周围小国，与周桓王矛盾加剧。周桓王于

周幽王烽火戏诸侯

是于公元前707年亲率周、陈、蔡、卫联军征伐郑国。双方在繻葛摆开战场，郑庄公布下“鱼丽阵”，将步卒疏散配置于战车的两侧及后方，先攻周联军薄弱的两翼，再集中兵力击其中军，结果一战而胜，周桓王中箭负伤。这就是繻葛之战。此一战，使周天子威信扫地，“礼乐征伐自天子出”自此走向消亡，郑国威望大增。但随着郑庄公去世，郑国陷入内乱，齐国随机而盛。

公元前 685 年，齐桓公即位，任管仲为相，实力迅速增强，并在吞并周边小国的过程中与邻近的鲁国发生矛盾。公元前 684 年，双方于长勺展开决战。鲁庄公因齐强鲁弱，听取曹刿的意见，采取以逸待劳的战术，预先进入阵地，严加防守，而齐兵连续三次击鼓进军，士气渐衰。鲁军待齐兵三鼓后，一鼓作气，奋勇追击，将齐军赶出鲁国国境，获得胜利。这就是长勺之战。长勺之战是中国历史上一个著名的后发制人、以弱胜强的战例。此后，齐桓公改变策略，联合鲁、郑、宋等屡屡会盟合作，北抗戎狄，南拒强楚，高举“尊王攘夷”的旗号，成为春秋首霸。

齐桓公死后，齐国发生内乱，南方的楚国乘机向中原推进，宋国的宋襄公欲趁此统领中原，建立霸业，就以“仁义”为招牌不断举行盟会，让各国承认其霸主地位。公元前 639 年，宋襄公在盂邑举行盟会，楚成王乘机率军而来，在盟会上生擒宋襄公，后在鲁国等的调停下才将其释放。公元前 638 年，宋襄公率军与楚军战于泓水。当时，宋军已在泓水北岸布好阵势，在楚军渡河时本可半济而击，宋襄公却死守“不以阻隘”“不鼓不成列”的旧时仁义之礼，不愿靠在险隘处阻敌而获胜，不愿向未列好阵形之敌进击。待楚军列好阵势，因双方实力悬殊，宋军大败，宋襄公也受了重伤，不久死去。此即泓之战。泓之战，只让宋襄公留下了仁义的笑柄，霸主的位置却落到了晋文公的手中。

晋文公于公元前 636 年即位，19 年的流亡生活经历让他励精图治，把国家治理得蒸蒸日上，威望不断提升，以前投靠楚国的小国纷纷来依附。晋楚之战势在必发。公元前 632 年，两军主力相遇，晋文公以当年曾与楚成王相约，两军相遇要退避三舍为理由，后撤到城濮与楚军决战。战役之初，晋军根据敌强己弱的特点，先突击楚军较弱的右翼；将其击溃后，用战车拖曳树枝扬起尘土，佯装退却，楚军中计，马上派出左翼追击，晋军集中精锐断其退路，夹击围歼，又将楚军左翼消灭。楚军见三军失了两军，大势已去，只能仓皇撤退。战后，晋文公向周天子献俘，获得策命，正式成为霸主。此为城濮之战。城濮之战是春秋争霸战中关键性的一战，曾屈服楚国的各国由此脱离楚国，重归中原，并在晋国领导下，与楚国抗衡了 100 年左右。春秋历史进入晋楚长期争霸中原的时期，双方虽各有胜负，却相持不下。

此时，西方的秦国正在不断强大，并与晋国、齐国、楚国被当代史学家合称为春秋四大国。秦穆公为向东发展，与晋国携手，共同尊王，互通婚姻。至今人们仍将婚姻关系称为“秦晋之好”。公元前 630 年，秦晋联合出兵讨伐郑国，但秦穆公受了郑国烛之武的离间，抛下晋国独自与郑国结盟，晋文公只得与郑国言和而归。公元前628年，晋文公去世，晋襄公继位。秦穆公认为东进争霸的时机已经成熟，派出孤军远道偷袭郑国，路遇郑国商人弦高假冒郑君之命犒劳秦军，秦军以为郑国已有准备，就顺道灭掉了滑国返回。不想，晋军已派出伏兵由先轸率领在崤山扼住了秦军归途中的险要之地，晋襄公亲自督战，全歼秦军。这就是著名的崤之战。崤之战后，秦国改变向东战略，转而向西发展，灭掉12个戎族之国，“益地千里，遂霸西戎”。又由于秦晋关系公开破裂，秦往往助楚攻晋，使得晋国被秦牵制，无法全力对付楚国，楚国乘机向中原发展，长期与晋争锋。

此时，楚国的一个属国吴国在晋国的帮助下逐渐强大起来，继而同楚国展开了60余年的争霸战争。公元前513年，吴王阖闾即位，他重用伍子胥、孙武等人，整军练兵，发愤图强。公元前506年，吴王挥军西进，发起了一场以寡击众、空国远征的灭楚之战。楚军急忙迎战，其主力渡过汉水列阵而待。吴军见楚军势盛，先行后退，在楚军追击中，退至柏举，突发强兵反击楚军薄弱之处，使楚军一触即溃。吴王迅速投入主力，乘胜追击，在清水以半济而击的战术又歼楚军一部。吴军凭此气势随后与楚军回救部队展开反复拼杀，最后击败楚军，攻入楚都郢城，楚昭王逃亡。这就是柏举之战。柏举之战是中国古代实施远程奔袭的典型战役。但吴军攻入楚都后，极尽暴虐，恶行连连，激起极大愤慨。秦国派出援军，联合楚国残军，连胜吴国，吴王只得撤回。

邻近吴国的越国此时也强盛起来，并与吴国抗衡。公元前496年，吴国对越国发起进攻，但惨遭败绩，吴王阖闾负重伤而亡。公元前494年，越王勾践见新即位的吴王夫差日夜练兵，图越意图明显，决计先发制人，兴兵攻吴，却大败于吴军，反令吴军攻入越国都城，被迫投降。后勾践卧薪尝胆，经过20年的长期努力，在范蠡、文种等人的帮助下，于公元前478年，趁吴国发生干旱，发起了灭吴战争。勾践率军开进到笠泽，与夫差从姑苏城带出的吴军隔江对峙。越军从主力部队两翼分别派出一支小分队，沿江各上行和下行5里，在半夜鸣鼓呐喊。夫差以为越军分两路渡江来攻，将吴军一分为二，分别前往应战。越军主力偃旗息鼓，从中路潜行渡江，直插吴军中军大营。吴军全线崩溃，接下来又三战三败，夫差仅率少数残兵逃入姑苏。是为笠泽之战。笠泽之战是吴越争霸中具有关键意义的战略决战，吴军精锐几乎全灭。到公元前473年，越军攻占姑苏，吞灭了吴国，成为春秋时期的最后一位霸主。

进入战国时期，强大的晋国由于在春秋时期多年的兼并战争，疆土不断扩大，国内卿大夫的权势也不断增强，逐渐形成君弱臣强的局面，晋国逐渐被控制在智、赵、韩、魏四卿手中。其中智伯实力最强，常常役使、掠夺其他三卿，怀有强占晋国的野心。公元前453年，赵、魏、韩三家联合擒杀智伯，瓜分其领地，三家分晋，后各自成国。其中，魏国任用李悝、吴起、西门豹、乐羊等人，改革图强，很快就成为战国初期最为强大的国家，并四处征战，增强实力。

公元前357年，不甘屈从于魏国的齐国任用邹忌、田忌、孙膑等人，实施变革，逐渐成为东方强国。公元前354年，魏惠王派庞涓率兵8万进攻赵国，包围邯郸，赵国向齐国求救。齐威王派田忌率8万齐军前往营救。田忌听从军师孙膑的建议，采用围魏救赵的策略，先制造假象，让魏军全力攻赵；到公元前353年攻下邯郸后，已是赵破而魏弱，齐军这才佯攻魏国都城大梁，引诱庞涓来救；然后于桂陵以逸待劳，大败魏军。这就是桂陵之战。后来，庞涓率领魏、赵联军又攻打韩国，韩国也向齐国求援。公元前341年，齐将田忌以孙膑为军师又出兵救韩，仍是兵锋直指大梁，魏军只得迅速回撤，解除了对韩国的包围。齐军接着掉头退回，孙膑施下“退兵减灶”之计，逐日减少军灶，造成仓皇溃退、士兵大量逃亡的假象，诱使庞涓率魏军加速追击。孙膑在魏军必经的马陵设下伏兵，全歼魏军主力，庞涓自刎。是为马陵之战。魏国遭此重创，由强转弱，齐国则声威大振，更加强盛。马陵之战成为战国时期战略格局变化的一个转折点。

马陵之战的第二年，自商鞅变法以来国势蒸蒸日上的秦国，乘机东进，夺取魏国的河西地区，打开了向东夺取天下的门户。随后，秦国东攻韩、魏，东南攻楚，兵锋所至，各国俱败。秦国东逼之势，引起各国严重不安，防秦入侵成为各国首要大事。公元前323年，公孙衍在魏国提出合纵之计，“合众弱攻一强”，联合各国共同抗秦。次年，秦相张仪推出连横之策，让各国单独与秦联合，“事一强而攻众弱”，共同对付他国。公元前318年，公孙衍发起魏、赵、韩、燕、楚五国合纵行动，西进攻秦，但为秦国所败。公元前311年，苏秦说服齐国参加合纵，结成六国联合阵线。秦国则进一步施行连横，采用远交近攻政策，挑动各国间互相攻伐。

秦国为解决东进的南侧威胁，首先重点攻楚，以割地给楚国的许诺骗取楚怀王终结楚齐联盟；然后三次伐楚，秦将白起于公元前278年攻破楚都郢城，使楚国进一步削弱。此时，与秦国互称帝的东方大国齐国也受到了重创。由于东方各国对齐的不安以及齐、燕之间的仇恨，并在秦国的挑拨之下，燕、秦、赵、韩、魏组成五国联军，于公元前284年，在燕国上将军乐毅率领下，联合攻齐，一举攻破齐都。齐湣王逃亡后被杀，齐国70余城尽失，仅有莒和即墨二城尚存。齐将田单临危受命，死守即墨，先以离间计令燕国逼走乐毅，又用假降之计麻痹燕军，于公元前279年摆下火牛阵，

火牛

大败燕军，并乘胜收复失地。史称田单复齐。

秦国重创楚国后，立即向东挺进，重点进攻韩、魏、赵三国。秦将白起英勇善战，所向披靡。韩、魏割地求和，赵经长平一战元气大伤。公元前249年，秦将蒙恬灭亡东周。经长年交战，六国俱衰。公元前238年，秦王嬴政亲政，任用李斯为相，重用王翦、王贲父子等为将，以交好齐国，先灭韩、魏、赵，再各个歼灭的方针，开始推进秦灭六国的统一战争。

公元前236年起，秦军以王翦等为将，连续攻赵，但遭遇赵国名将李牧的抗击，连连失败。后使用反间计，致李牧被杀，赵国于公元前229年灭亡。此间，韩国不敢出战，于公元前233年向秦请降称臣。公元前229年，秦国夺取韩都，韩国亡。随后，秦国为南下攻楚，于公元前225年派王翦之子、秦将王贲攻下大梁，灭亡魏国。公元前224年，王翦率军60万大败楚军，击杀项燕。次年灭亡楚国。公元前222年，王贲先灭亡残存的燕国，又于次年南下攻齐，齐不战而降，遂亡。至此，秦于公元前221年一统天下，结束了东周以来长达500余年的割据局面，建立起一个高度中央集权的统一国家。秦统一六国后，秦始皇为消除北方来自匈奴的侵袭，于公元前215年起，派蒙恬率军30万逐匈奴，使匈奴北退七百余里。秦还修筑原来秦、燕、赵的旧有长城，使其连接起来，将长城修成一道绵延巍峨的北方防御屏障。又于公元前 214 年，派屠睢率军出荆楚之地南下，征伐百越，统一了东南、西南的广大地区，为中华文明的进一步发展提供了宽广的舞台。

第二节　汉代到唐代建立前的著名战役

秦朝只存在了短短的 14 年。公元前 209 年，陈胜、吴广起义掀开了推翻秦朝的序幕。被灭亡的六国的旧贵族也乘机而起，称兵割据。原楚国名将项燕之子项梁与其侄项羽在吴中起兵，曾任沛县泗水亭长的刘邦也聚众反秦，二者逐渐成为灭秦的最重要力量。

公元前 207 年，秦将章邯、王离败陈涉、杀项梁后，占邯郸、围巨鹿。楚军由宋义为上将军、项羽为次将领兵 5 万前往救援。此时，各路援军已驻扎在巨鹿城北，遥望巨鹿城南的秦军主力，不敢出击。宋义行至安阳，按兵 46 天不动。项羽愤而杀宋义，立即挥兵北上，先断秦军粮道，然后渡过漳水，令全军破釜沉舟，只带三日粮，以示将决一死战。进至巨鹿城外，即将王离围困。章邯来救，项羽挥军迎击，九战九捷，王离被俘，巨鹿解围。项羽趁胜直进，大败秦军，章邯率20万人投降，秦军精锐和主力尽灭。这就是巨鹿之战。就在项羽征战之时，刘邦乘虚西进，于当年十月占领咸阳。秦亡。此后，刘邦与项羽展开历时4年多的楚汉之争，项羽兵败自杀。刘邦于公元前202年建立汉朝，史称西汉。

汉开国以来，北方的匈奴常常袭扰边境。此时的匈奴首领冒顿单于东败东胡，西逐月氏，统治区域东起朝鲜边界，横跨蒙古高原，西与氐羌相接，南部延伸到河套。冒顿将这一区域分为三部，中部自辖，东、西两部分别由左、右贤王分领。公元前200年，冒顿单于南侵，刘邦亲率32万大军，经洛阳北上晋阳，击退匈奴。此后，匈奴采取示弱诱敌、再以优势兵力围歼汉军的策略，不与汉军对抗，诱敌冒进。刘邦中计，得知匈奴驻处后，令全军北上，自己亲率少量骑兵飞速突进，抵达平城后，驻在平城东南面的白登山。冒顿见汉军大部队未到，立即纵精兵30余万将刘邦四面包围。刘邦被困7天7夜，粮尽援绝，后听从陈平建议，出重金贿赂匈奴皇后，才得以逃脱。平城解围后，刘邦自知暂时无力与匈奴长期对战，只得采取和亲政策，双方约为兄弟，以缓和矛盾。由此，西汉长期对匈奴实行和亲政策，但匈奴的滋扰并未停止。

此后，西汉经过六七十年的发展，到汉武帝时期，国力逐渐强盛，一支能与匈奴铁骑抗衡的强大骑兵部队也已建立起来。汉武帝决心改变委曲求全的和亲政策，将对匈奴的战略由被动防御转入主动进攻。公元前 140 年，他将长期与匈奴作战的名将李广调到身边，以了解匈奴情况。第二年，又派张骞出使西域，试图联络月氏合击匈奴。公元前 133 年，汉武帝在雁门关外的马邑设下埋伏，以韩安国、李广等为将，率 30 万人马，以马邑出降为诱饵，准备诱杀匈奴单于。匈奴单于亲率 10 万骑兵而来，在距马邑百余里处，看到漫山的牲畜却没有放牧人，顿起疑心。他率军攻下附近一个哨所，抓到一名巡行的雁门尉史，那名尉史将汉军设伏的机密全盘供出，单于疾速退兵。这就是马邑设伏。设伏虽然失败了，却标志着西汉对匈奴反击的开始，结束了汉朝廷内的和战之争，汉匈百年大战也由此拉开序幕。在这场战争中，中国古代骑兵完成了向战略军种的转变，成为战争的主力，标志着中国军事史上骑兵鼎盛时代的到来。

公元前 127 年起，汉武帝对匈奴展开大规模反攻作战，东起辽东，沿万里长城西到天山一线，纵深从河套越阴山，直达大漠以北，持续时间长达 47 年。双方以骑兵为主体，共投入近百万大军，进行了 11 次大型战役，涌现出卫青、霍去病等著名将领。

公元前 127 年，匈奴左贤王从东方入境掳掠。汉武帝令韩安国在东方阻挡匈奴深入，同时采取胡骑东进、汉骑西击的作战方针，令车骑将军卫青出兵云中，向西大迂回，突袭匈奴防守薄弱的河南地。这一战打得匈奴措手不及，歼敌数千人，不仅收复了河南全部土地，又穿行千余里到达陇西，全甲兵而还。此为河南之战。河南之战虽然规模不大，但汉军避实击虚、奇袭防御空虚之地，牢牢把握了战争主动权，并且检验了远程奔袭和大迂回战术的实用性。河南之战也是汉匈战争史上的一个重要转折点，将汉朝的北部防线北推到黄河沿岸，解除了匈奴对关中地区的直接威胁。

但匈奴不甘心失去河南地，频频进扰。公元前 124 年，汉武帝令卫青率大军 10 余万人，北上漠南，分路反击。卫青疾进六七百里，夜抵匈奴右贤王的王廷之地，发动突然袭击，俘获 1.5 万人及“数十百万”牲畜，归来后被汉武帝拜为大将军。由于匈奴反攻，卫青于公元前 123 年率公孙敖、李广等六将军共 10 余万骑再出定襄，北进寻歼匈奴主力。年轻的霍去病被派至卫青麾下，任票姚校尉。汉军在与匈奴激战之初，右军、前军失利，幸得卫青威猛，最终击溃匈奴，斩首 1.9 万人。此为漠南之战。漠南之战，令年仅 18 岁的霍去病一战封侯。他仅率 800 轻骑，孤军追敌数百里，斩杀匈奴 2028 人，不仅斩了单于祖父辈人物，还俘获了匈奴相国与单于叔父等人，勇冠三军，因此被封为冠军侯。这是汉军继河南之战后的第二次大规模战略反击战，迫使匈奴将根据地迁到了大漠以北，汉朝正北边界的战争由此开始减少。汉武帝决定将主战场转向西北地区，夺取河西之地，解除匈奴对汉朝的西部威胁。

公元前121年，汉武帝命霍去病为骠骑将军，仅率万骑出陇西探路，进攻河西。霍去病出塞后扫荡了匈奴的五个小部落王国，然后翻过焉支山，向西北挺进千余里，斩首8900人，胜利回师。初战告捷，汉武帝大受鼓舞，决定乘匈奴惊魂未定之时，令霍去病与公孙敖领数万骑兵再攻河西。霍去病率北路军负责侧翼包抄，公孙敖率南路军负责正面进攻。但公孙敖因迷路未能如约会合。面对此种意外，霍去病当机

霍去病墓前马踏匈奴石雕像拓片

立断，毅然向匈奴侧后方发起进攻，结果匈奴军 3 万余人战死，2500 名高官投降，五个大王及王母、王后、王子、相国、将军等 100 余人被俘。此为河西之战。匈奴继失河南后又失河西，变主动为被动，汉匈力量对比发生重大变化。匈奴哀歌："亡我祁连山，使我六畜不蕃息；失我燕支山，使我嫁妇无颜色。"

考虑到漠北匈奴仍具有相当实力，威胁汉朝北部安全，汉武帝乘河西新胜之机，确定了一个集中兵力、深入漠北寻歼匈奴主力的作战计划，于公元前 119 年令大将军卫青、骠骑将军霍去病各率 5 万骑兵分两路出征漠北。卫青北行千余里，穿过大沙漠，抵达漠北时，见单于已列阵以待。卫青出动 5000 骑与匈奴万余骑激战一天未见胜负。忽然风沙大起，两军不相见，卫青派兵从两翼包抄匈奴军，单于率百余骑夜逃，卫青追敌 200 余里，俘斩敌军 1.9 万人。此战中，在卫青军中担任前将军的李广因迷路未能参战，卫青派人查问迷路原因，李广愤而自刎，一代名将因此亡命。霍去病则率军穿过大漠，与匈奴左贤王部遭遇，击败匈奴，奋起直追，转战到狼居胥山，深入 2000 余里，歼敌 7 万余人，逃出的匈奴部队仅有十分之二。此为漠北之战。这是汉军在距离中原最远的战场上进行的一场规模最大也是最为艰巨的战役。此次战役通过对长途奔袭和迂回包抄战术的熟练运用，以汉军的全面胜利而告终。这一战，令匈奴不敢再在大漠北缘立足而向西北方向逃遁，危害汉朝百余年的匈奴边患基本上得到了解决。

汉武帝晚年及汉昭帝即位后，采取思富养民政策，几乎不再对匈奴用兵。到汉宣帝时，西汉国力恢复，从公元前72年起再次发起对匈奴的进攻。在名将赵充国等的打击下，匈奴北退，并开始分化瓦解。公元前36年，汉将陈汤用兵西域，杀死郅支单于。匈奴另一首领呼韩邪单于于公元前33年朝汉，愿为汉婿，西汉送王昭君出塞和亲。自此终西汉之世，边境和平。

西汉末年，大司马王莽夺权代汉，于公元8年建立新莽政权，进行复古改制，引发了大规模的农民起义，其中绿林军与赤眉军尤为强大。公元23年，绿林军拥立刘玄为更始帝，恢复汉号。刘玄为阻止王莽南下，派王凤、王常、刘秀攻下昆阳等城，以保障主力大军夺取战略要地南阳首府宛城。为彻底消灭绿林军，王莽迅速调动42万大军，号称百万，由王邑、王寻率领，前往进剿。王莽的这支大军，调集的是“虎牙五威兵”，均是各州郡精选出来的锐卒，其武器装备和作战技能均在普通士兵之上。为壮军威，王莽还特别任命一位身高一丈、腰大十围的巨人巨无霸为垒尉，并驱使虎豹犀象等很多动物入阵，另派出熟知六十三家兵法的数百人为军吏，随军负责出谋划策，势在一举歼灭绿林军。王莽大军逼近昆阳，当时城内守军只有八九千人，大多将领准备弃城而逃，只有刘秀力排众议，认为丢下昆阳，王莽大军就会直抵宛城，正在攻打宛城的绿林军主力一败，残余各部也会一一败灭，只有坚守昆阳，才能将王莽大军阻于外线，就算昆阳最终失守，也仍能保存绿林军主力。为此，刘秀让王凤、王常留守昆阳，自己率12骑人马冲出南门调集援军。王莽大军将昆阳围了数十重，日夜强攻，昆阳守军将领王凤向王莽大军请降，但王莽大军主帅王邑志在破城，拒绝请降，迫使昆阳守军冒死抵抗。不久，刘秀领援军近万人赶回，先散布宛城已破的消息动摇王莽大军的军心，又组成3000人敢死队，以擒贼擒王的战术，直击王莽大军的中军，杀死王莽大军副帅王寻。昆阳守军乘势而出，内外夹攻，杀得王莽大军纷纷夺路逃命。又恰逢天降雷雨，引发附近河水暴涨，王莽大军被淹死的就有万余人。战中唯有王邑率数千人逃往洛阳。这就是著名的昆阳之战。昆阳之战是中国古代史上以少胜多、以弱胜强、以劣胜优的又一典型战例，刘秀以不足2万兵力大胜21倍于己的强敌，取得了双方战略大决战的绝对胜利。昆阳之战彻底改变了当时的政治与军事形势，直接导致了新莽政权的瓦解，为刘秀最终脱颖而出、建立东汉政权奠定了基础。

在东汉近200年的历史中，各地豪强通过兼并逐渐壮大，到东汉末年，形成多股与中央政权分庭抗礼的割据势力。董卓独揽朝政大权后，各路势力借讨伐董卓和扑灭黄巾起义之机，纷纷壮大，互相吞并。196年，曹操攻占许昌，迎回汉献帝，挟天子以令诸侯。对于周边割据势力，曹操采取先弱后强、各个击破的战术，先后消灭了袁术、吕布等，大体统一了河南，与消灭了公孙瓒、统一河北的袁绍隔河对峙。200年，曹操东击刘备，刘备逃往河北投靠袁绍，关羽被迫投降曹操。曹刘交战时，袁绍坐失战机，待曹操获胜回到官渡后，袁绍才统领10万大军南进黎阳，决心渡河进击曹操。袁绍先派颜良渡河攻占黄河南岸要点白马。此时，曹操在官渡只集结有不足2万人，为解救白马之围，曹操采用声东击西的策略，出兵延津，佯示要渡河袭击袁绍后方。袁绍果然从黎阳分兵来援，曹操派张辽、关羽率轻骑奔袭白马，关羽斩杀颜良，解了白马之围，迁移百姓，撤回官渡。袁绍随后率大军渡河，进驻在延津之南，派出刘备、文丑率五六千骑向曹军挑战。当时曹操身边只有骑兵600人，他先令士卒解鞍放马，又故意将辎重丢弃道旁，待袁军争抢辎重阵势混乱时，突然下令全部上马进击，结果大破袁军，斩杀文丑，顺利退回官渡。袁绍虽初战失利，但继续南下推进到官渡，修建营垒与曹军对峙。袁军在营中筑土山，造高橹，用强弓俯射曹营，曹操则造霹雳车发石，摧毁其高橹。袁军又掘地道进攻曹营，曹军挖壕相拒。袁绍的谋臣许攸几次建议分兵袭击曹操的都城许昌，袁绍不听。许攸愤而降曹，并向曹操献计偷袭袁军的屯粮重地乌巢。袁绍得知乌巢被袭，拒绝部将张郃以主力驰援的建议，仅派轻骑前往救援，结果援军亦被曹操所败。乌巢失守，袁军军心动摇，张郃烧毁战具降曹。曹操乘机进攻，歼灭袁军主力7万余人，缴获全部军资。袁绍仅率800余骑逃出，从此一蹶不振，不久病亡。此为官渡之战。官渡之战后，军事和政治形势都发生了有利于曹操的重大变化。曹操乘胜统一了北方。

曹操统一北方后，为一统中国，统率大兵南下，直取荆州，威镇江南，迫使孙权与刘备联合抗曹。208年，曹操亲率20万大军。（号称80万）战船千艘，顺长江水陆并进，开向夏口。孙权任命周瑜为主将，程普为副，率3万精锐水军，联合屯驻樊口的刘备军，总共约5万人溯长江西进，前往迎战。周瑜进驻夏口时，因曹军未至，决定乘曹军远来疲敝，先机制敌，实行攻势防御，遂率吴军继续西上，与曹军先头部队相遇于赤壁。初一交战，曹军败退。曹操引军退到长江北岸，驻在乌林；周瑜军驻在南岸赤壁。两军隔江对峙。曹操为使北方士兵克服风浪颠簸，下令把舰船头尾连在一起，加紧操练，以备决战。周瑜见曹军舰船不利疏散，决定采取火攻，令黄盖诈降。曹操中计。黄盖调集 10 艘蒙冲斗舰，装满柴草，灌注鱼油，顺风北去，放火焚烧，不仅烧了曹军船只，也烧了岸上的营寨。周瑜率军急进，刘备也从北岸向乌林进击，孙刘联军与曹军在乌林展开主力决战。曹军大败，撤往江陵。孙刘联军沿华容道追击，曹军损伤大半，到江陵后，已无力再战。曹操只好退还北方。不久，周瑜占领江陵，进而控制了长江中下游。刘备立足于荆州，向西蜀发展。此为赤壁之战。赤壁之战，是汉末群雄混战和三国形成过程中具有决定意义的一次战役，是南北方主要军事政治集团之间争夺中国前途和命运的战略决战。经过此战，曹操丧失了统一全国的机遇，孙权和刘备得到了空前的发展时机，历史开始向三国鼎立的方向发展。

魏、蜀、吴形成三国鼎立局面后，蜀国率先为魏国所灭，旋即司马炎篡魏建晋，史称西晋。西晋又灭吴，终于统一了中国。但司马炎死后，诸王争相控制朝政，引发八王之乱，使得国家陷入四分五裂之中，北方各少数民族乘机纷纷进入黄河流域建起政权。西晋被匈奴人刘渊所建的汉国灭亡，司马睿又在建康（今南京）建立东晋政权，守住半壁江山，据有江南。北方先是由羯族人石勒建立的后赵完成了一次统一，分裂后又由氐族人建立的前秦再次统一。前秦自称大秦天王的苻坚统一北方后，志在灭亡东晋，急于一统天

晋武帝司马炎

下。苻坚拟定的战略步骤是，先取梁、益二州，控制长江上游，威胁东晋两翼，再夺襄阳、寿春、彭城等战略要点，迫近长江，最后一举消灭东晋。378年，前秦出兵向襄阳等地发起进攻，至次年，先后夺取了襄阳和彭城，但在继续南进过程中，遭到了东晋谢玄等军的顽强抵抗，进展并不顺利。苻坚只得进行了3年多的休整。383年，苻坚率步兵60余万、骑兵27万、羽林郎3万余，共90余万（号称百万），再次向东晋发起进攻。进攻前，很多大臣多次劝阻，认为东晋有长江天险，朝中和睦，又有百姓支持，不宜进攻。但苻坚称，秦军之众，“投鞭于江，足断其流”，以强攻弱，“犹疾风之扫秋叶”。于是，秦军由苻坚亲自统率，出长安、经洛阳一带向淮南寿阳前进。为配合进攻，秦军另派7万军队由西路从巴蜀地区沿长江和汉水东进，以分路合击之势，准备在建康会师，一举灭晋。为防御秦军进攻，东晋将布兵重点放在荆州和淮南两个方向。荆州方向由桓冲率兵10余万阻止秦军沿长江、汉水东下，淮南方向由谢石、谢玄等率8万余主力精锐部队前出抗击。向淮南方向防御的晋军推进到淝水，与秦军隔河对峙。苻坚在寿阳城头见晋军阵容严整，远望“山上草木皆以为晋兵”，心生疑虑。谢玄则利用苻坚希望速战速胜的心理，派人到秦营劝说：秦军靠淝水列阵，只能持久对峙无法对战，请后移一步，让晋军渡过淝水，一决胜负。苻坚认为这是大好机会，可乘晋军渡河背水之时，以优势兵力一举将其歼灭，所以下令淝水沿线秦军稍向后撤。不料秦军一退，阵势大乱，失去控制，军中怀有二心者高呼秦军已败，秦军竞相奔逃。谢玄等乘势率8000精兵渡过淝水，勇猛追击，秦军惊溃，自相践踏。苻坚在乱军之中亦中箭负伤，仓皇向淮北奔逃，途中听到风声鹤唳，都以为是晋军追兵。这就是淝水之战。淝水一战，秦军死伤逃散者占十之七八。与此同时，江汉方向的秦军也战败而归。前秦百万大军的灭晋之战，彻底失败。淝水之战，是中国古代以弱胜强的著名战例，东晋以 8 万余兵力，粉碎了号称百万秦军的进攻，取得全胜，创造了中国战争史上的一个“神话”，不仅阻止了前秦南下统一的步伐，而且直接导致了前秦政权的瓦解，使得中国北方地区很快又重新陷入了分裂。直到南北朝后期，北周隋国公杨坚篡位建隋，南灭陈国统一大江南北，才完成了又一次全国性的大统一，并为中国历史上空前繁荣兴盛的唐代奠定了基础。

第三节　唐代以后战役举要

唐代建立后，经过贞观之治、开元盛世，国家实力不断强大，但由于唐玄宗放任节度使的权力扩大，终于导致安史之乱，唐代由此走向衰落。安史之乱平定后，各地藩镇仍拥兵自立，父死子袭，唐朝的天下实际上已分裂为大大小小的割据势力。为此，唐王朝进行了 40 多年的平藩努力。814 年，淮西节度使吴少阳死，其子吴元济自领军务，并四下掳掠，唐宪宗出兵征伐两年无功。817 年，唐宪宗改派名将李晟之子李愬前往征伐。李愬抵达唐州，为麻痹淮西军，佯示无所作为，暗中积极准备袭取蔡州。由于当时李愬名气和地位都不高，吴元济遂放松对唐州的防备。李愬乘机招降了部分蔡州西部地区的淮西将领，拔除外围据点，向蔡州靠近。为了袭击成功，李愬招集死士3000人，号称“突将”，早晚亲加训练。十月初十，风雪阴晦，李愬见时机成熟，令3000突将为前锋，另带中、后军各3000人，共9000人，连夜向东冒雪疾行130里，人马多有冻死者。赶到蔡州时，天尚未明。唐军登城，蔡州守军都未发觉。吴元济仓促率亲兵抵抗，被擒。吴元济据守各州的数万精兵随之不战而降，割据30年的淮西遂告平定。这就是李愬袭取蔡州之战。随后，叛乱的淄青和成德也相继归降唐廷，唐朝四分五裂的割据局面暂告结束，唐朝又获统一。李愬通过分化瓦解的策略和攻击无备、出其不意的战法，以雪夜入蔡州这一成功的奇袭作战，促成了淮西战场告捷，并进而导致了全国平藩战争的胜利。

但未过60年，黄巢起义爆发，藩镇之乱再起，唐代灭亡。经过短暂的五代时期，到宋代重新统一了中国。五代时期后晋的石敬塘为获取契丹支持，割让了燕云十六州，使得中原北方门户大开，契丹人建立的辽对北宋构成巨大威胁。后女真族兴起，建立金国，先灭辽，继而南下灭了北宋，又将兵锋直指南宋，一度深入江淮，占领建康，攻陷临安。1130年，金军统帅完颜宗弼（即明清小说中的金兀术）因宋高宗逃匿海上，未能捕获，决定北撤。10万金军撤至镇江，准备渡长江往扬州，却在渡江之际遭到宋军韩世忠部的截击。韩世忠率8000军兵、100余艘战船，在镇江附近阻断金军归路。韩世忠身先士卒，其妻梁红玉击鼓助战，双方激战不已，金兵终难渡江。完颜宗弼愿以所掠江南财物交换，请求借道，韩世忠不许，奋力沿江阻杀，将金军逼入死水港黄天荡。后完颜宗弼从一条旧河故道凿出30里长的水道，打开通往秦淮河的去路，才得以逃出。此即黄天荡之战。这一战，韩世忠以8000人兵力与金兵10万大军大战40余天，成为宋金战争中的一大奇迹。

金军后又在岳飞等部宋军的不断反攻下，被迫与南宋议和，双方进入相持阶段。不久，金国发生政变，完颜亮登上帝位，即海陵王。海陵王志在一统江南，于1161年集结60万大军，兵分四路向南宋发起全面进攻。海陵王亲率17万精锐，一路势如破竹，直抵长江北岸。宋军主帅刘锜重病在身，将指挥权交与副帅王权。但王权畏敌败退，率仅剩的1.8万残兵逃到江边的采石。南宋文臣、中书舍人虞允文奉命前来犒军，此时王权被撤职，新帅未至，他就主动承担起整肃部队、组织作战的重任。虞允文将步兵和骑兵埋伏在岸边高地，将水军分成五队泊在长江中待战。海陵王指挥金兵渡江，宋军水军奋力厮杀，用霹雳炮反击，并在南岸阻歼登陆金兵。金军大败，海陵王被厌战的部属所杀。金军全军北撤。海陵王一统天下的壮志，因兵败身亡而告终。这就是采石之战。此后，金、宋国力渐衰，被兴起的蒙古政权相继消灭，历史进入元代。

明太祖朱元璋

元代末年，各族人民掀起反元斗争和武装起义，其中尤以红巾军起义为盛。红巾军各部在发展过程中内部发生分裂，相互之间为发展实力出现矛盾。在江南发展的朱元璋根据刘基的建议，确定了先统一江南再北上灭元的战略方针。而同样欲统一江南的，还有陈友谅和张士诚这两大对手。1363 年，陈友谅趁张士诚进攻安丰、朱元璋前往救援之机，率 60 万大军、数百艘巨舰围攻朱元璋占据的洪都（今江西南昌）。洪都位处赣江下游，而赣江向北经鄱阳湖可与长江相连，因此洪都的军事地位甚为重要。朱元璋命洪都坚守，令陈军疲惫不堪，同时调兵切断陈军退路，决定将陈友谅困于鄱阳湖中，一展决战。陈友谅围困了洪都 80 余日，朱元璋才亲率 20 万舟师来援。陈友谅撤洪都之围，东出鄱阳湖迎战。朱元璋先令各队水军发射火铳、火箭、火蒺藜等，再令徐达、常遇春等冲击敌阵。战至日暮，朱元璋击败敌军，但自己军队的伤亡也甚重。次日起，朱元璋整军再战，但因陈友谅战船巨大，连续几日受挫。朱元璋采取部下建议，使用火攻，乘风烧毁陈军数百艘舟船，使陈军死伤过半。朱元璋乘胜攻击，双方激战一个多月，陈友谅不敌，败退途中，中箭身亡。此为鄱阳湖之战。鄱阳湖之战是中国水战史上以少胜多的著名战例，朱元璋经此一战消灭了江南的第一大强敌，后又灭掉张士诚、方国珍，一统江南，平定了长江中下游，为灭元建明奠定了坚实的基础。

明代末年，女真族再次兴起，努尔哈赤建立后金政权。皇太极即位后，于1636年改国号为清，改女真族为满族，在沈阳称帝。后乘明末农民起义之机，攻占北京，向南统一。残明各部，纷纷起兵抗清。1645年，郑成功在南澳起兵，以金门、厦门为核心建起海上抗清根据地。抗清之战持续了16年，清军却步步逼进。于是郑成功决定渡海东征，驱逐荷兰殖民者，收复台湾，建立稳固的抗清基地。1661年，郑成功率军2.5万、战船数百艘，自金门料罗湾出发，经澎湖，巧妙地利用海潮和风浪从台湾西南部登陆，并在当地各族人民的支援下，封锁重要航道，围困荷兰军队防御牢固的首府台湾城（今台南安平），同时在海上展开炮战，击退了荷兰从印度尼西亚派出增援水军的反扑。经过8个多月的围困和军事准备，郑成功于1662年1月向台湾发起总攻，荷兰殖民总督被迫签字投降。台湾岛结束荷兰38年的殖民统治，回归了祖国。此即郑成功收复台湾之战。郑成功收复台湾，为中华民族抗击海外侵略者，维护祖国神圣领土的完整，创造了光辉的英雄业绩。这一中国历史上大规模渡海登陆作战的胜利，也为中国军事史写下了光辉灿烂的一页。

第三章

古代军制

军制，也就是军事制度。“军制”一词，早在战国时期就出现了。《荀子·议兵》中，讲到荀子和临武君在赵孝成王面前议论用兵之道的事情。临武君问：“请问王者之军制？”意思是，可以称王天下的军队，它的军事制度是什么样的？荀子回答说：“将死鼓，御死辔，百吏死职，士大夫死行列。闻鼓声而进，闻金声而退，顺命为上，有功次之。”将军誓与战鼓共存亡，驾驭战车的以能够死在缰绳旁为荣，各级官吏愿意以身殉职，各级士官愿意战死沙场。听见战鼓声则进，听见钲铙声则退，服从命令是至上的，比取得战功还要重要。《吕氏春秋·节丧》中也有“以军制立之”的提法。此后历代一直都在沿用“军制”这个词。从南宋时期开始，与“军制”含义相当的“兵制”一词盛行起来，此后两词经常混用。但到了清末，由于“兵制”经常专指军制中的兵役制度，所以泛指军事制度时，又恢复了“军制”的提法。

古代帝王等统治者，为了既能牢牢控制军队，又能强大其战斗力，确保政权稳固于自己手中，都要制定一系列有关军队组织、管理、训练、储备、征募等方面的法规。因此所形成的军事方面的制度，就是军制。

军事制度是中国历代军队建设的中心内容，内涵十分丰富，如统兵之制、用兵之制、组兵之制、养兵之制、练兵之制等。用今天的语言来讲，主要包括：军事领导体制、武装力量体制、军事指挥系统、军队编制、动员体制、兵役制度、军官培养制度、武器装备和后勤供应制度、人事任免和奖惩措施以及其他军队工作管理制度等。

古代的军制大多是由帝王经手和批准制定的，一般都要以法令、规定等方式来颁行。从本质上看，任何军制，都是军队所属的政治力量为了控制和建设军队、实现其政治利益和意志的工具。但不同朝代，不同的历史阶段，军制的内容也会有所不同。因为军制是由当时的经济基础决定的，要受到当时的社会政治制度、经济状况、科技水平、战争形势、战略方针、武器装备、军事理论等诸多因素的制约，同时，民族特点、历史传统、地理环境等也会对军制产生影响。也就是说，军制的制定、形成和内容会受到文明发展程度的限制。反过来，军制中的一些理念、制度和术语等，进入日常社会生活，又会丰富社会文明的内容。由于军事制度可以增强军队的凝聚力、执行力以及战斗力，因此当今有些商业集团，也在积极探索和推动军事化管理方法，以建立权力的集中化和最有效化，让下达的各项命令得到无条件的执行，并推动铁血精神的培养，打造高效的团队。

第一节　皇权下的兵权

虎符

窃符救赵，是发生在战国时期的著名历史故事。公元前257年，秦国军队围困赵国都城邯郸，赵国向魏国求救，魏王惧怕秦国，不敢出兵。情急之下，信陵君魏无忌听取侯嬴之计，借魏王姬妾如姬之手窃得虎符，夺取了晋鄙的兵权，击败秦军，不仅救援了赵国，也巩固了魏国的地位。这里的虎符，就是春秋战国直到秦汉时期非常重要的调兵凭证，即兵符。传说兵符是西周军事家姜子牙发明的，早期多用青铜铸成，也有的用金、玉做材料。兵符都是一分为二的，一半交给统兵将领，一半放在帝王手中，两半的剖面上有齿纹，可以嵌合，背上大多有文字。将领调动50人以上的军队，必须持有帝王手中的那半兵符，与领兵者手中的兵符合二为一，方可调动。兵符的外形铸为虎形，就叫虎符。但虎形并非兵符的唯一形状，秦代时还有鹰符和龙符等。到隋唐时期演变成麟符、鱼符、龟符等，并从兵符进而变成朝廷其他官员也需持有的凭证，一半留在中央，一半由官员随身携带，同时有专用的挂袋装放。唐初规定，三品以上鱼袋可用金饰，五品以上可用银饰，武则天时改鱼符为龟符，所以挂饰金龟袋的不是皇家亲王就是三品以上大员，因此，后世出现了“金龟婿”一词，用以代指地位显贵的女婿。

兵符的使用，反映的是古代帝王对兵权和军队的严密控制，但兵符不是唯一的手段。实际上，信陵君也没有仅凭虎符就调动了军队。《史记·魏公子列传》载，晋鄙合了虎符后，仍不发兵，说：“吾今拥十万之众，屯于境上，国之重任。今单车来代之，何如哉？”除了虎符外，还应有君王的诏令。接下来，信陵君借助随从朱亥，用“四十斤铁椎，椎杀晋鄙”，才把晋鄙的大军带走了。

自古以来，兵权就始终掌握在最高统治者手中。因为军队本身就是一把双刃剑，历代帝王既希望自己的军队威力无比、所向披靡，又担心一旦过于强大的军队失去了控制，就会成为消灭自己的武器。所以，军事领导体制的建立，也必然要以皇权为中心。历代统治者无不把兵权视为禁脔，宁可牺牲军队的战斗力，也要牢牢地控制住兵权。从中国历史上来看，随着中央集权和专制统治的建立与不断完善，皇权对兵权的控制日益强化的趋势非常明显。这种趋势，我们可以通过古代中央军事管理机构的设置和权力、历代将帅对士兵的统御关系以及古代监军制度的不断发展与完善等三个方面，看得更加清楚。

中央军事管理机构，是设在朝廷中协助皇帝管理军队的机构。根据历史资料的记载，夏朝第一支国家军队就是由夏王启亲自颁发军令、亲自统领作战的，西周时也强调“礼乐征伐自天子出”。这说明，军队从出现伊始就是掌握在帝王手中的。为了控制军队，历代帝王一般都会设置一定的中央军事管理机构，来协助自己掌控兵权；同时为了防止兵权失控，又会采取不同的约束措施限制中央军事管理机构的权力。

秦代建立后，秦始皇就在中央设置了三公九卿来协助办理机要政务，但其主掌全国军事的最高武官太尉，仅仅是皇帝的军事顾问，并且也不常置，传达到列卿以至郡国的军事命令，往往是皇帝亲自下达的。由于到秦二世时，中丞相赵高一度拥有过在军政上事无大小皆由其裁决的权力，西汉时为避免这一弊端，限制丞相的权力，使以丞相为首的“外朝”逐渐成为只负责办理政务、承接决策的执行机关。皇帝另委任一批自己信任的官员，他们是实际的军政中枢，称为“中朝”；设置了大将军、骠骑将军、车骑将军等职位，并冠以“大司马”称号，直接受皇帝统领，一遇战事，则由这些将军们统帅大军，奉命出征，从而将兵权从行政中分离出来。到东汉时期，统兵权进一步集中在隶属于皇帝的五级将军之手，即大将军、骠骑将军、车骑将军、卫将军和前后左右将军，其中大将军的权力尤其大。两晋南北朝时，朝廷专设有“都督中外诸军事”一职，一般由皇帝亲信的大将或宗室担任，代表皇帝统帅军队。后来“都督中外诸军事”一职的权力越来越大，加之此职经常兼“录尚书事”，又集政权于一身，全面把控军事政务，甚至可将皇帝置于傀儡之地。隋代建立后，为消除这一隐患，开始施行在中央设置十二府、左右卫的卫府制度；隋炀帝时又改为十六卫府，另外还设有东宫十率，作为中央军事宿卫机关统领全国军队，每个卫府的大将军都直隶于皇帝。而设在尚书省的兵部则仅掌军事行政，无权调动一兵一卒。唐承隋制，尚书省属下的兵部虽然是全国军政最高领导机关，但仍是仅掌天下军卫武官选授等政令，并不直接带兵。而真正的军队指挥机构是管辖府兵的十六卫府和东宫六率府，其直隶于皇帝，由皇帝直接控制。

五代时期由于战事频繁，诸朝专设枢密院，作为掌握军机、军政和指挥调动军队的最高机构。统领枢密院的枢密使多由皇帝亲信担任，枢密使不但参决国家机要、处理军政大事、调动军队，还经常亲自统兵征战。这样虽然有利于作战，但枢密使一旦背叛皇帝，结果就非常可怕。

宋代建立后，认真总结了唐末五代时期藩镇敢于抗拒王室、将佐可以逐杀主帅以至称王称帝的历史教训，赵匡胤一建立政权，立即执行“罢功臣，释兵权，制将帅，立兵制”的政策、在中央以“杯酒释兵权”的方式，解除了功臣宿将的军事权力；在地方则以文臣知州军事的做法，将节度使的行政权与兵权解除。同时，为了从体制上限制军队将帅的权限，使兵权完全集中在皇帝手中，宋代又在中央实行了以枢密院掌管军政军令、三衙分掌马步军的训练与日常管理、出征时临时派将统兵的分权制度。兵权三分，相互制约。到了明代，朱元璋为进一步分散兵权，将原本统领中外诸军事的大都督府一分为五，改为中、左、右、前、后五军都督府，每个都督府各领其职，彼此牵制，只负责统兵，对军队没有调遣权。实际的军政领导机构是皇帝直接掌握的兵部。凡有战事，由兵部奉旨调兵。上下军职衙门的大小官员，无论选授、升调还是袭替、功赏，都要先经由兵部审查，上奏皇帝批准后才能实施。兵部有出兵之令而无统兵之权，五军有统兵之权而无出兵之令，合之则呼吸相通，分之则犬牙相制。

到了清代，中央虽仍设主管全国军事的兵部，但它只负责绿营兵籍武职的升转之事，并无统御军队之权，一切军国要政都要由皇帝亲自掌握和决断。真正的最高军事决策机构，早期是议政王大臣会议，到雍正时期以后取而代之的是军机处。但无论议政王大臣会议也好，还是军机处也好，并不是一个正式官衙，只是皇帝的一个智囊机构，参加者都是皇族亲王和亲信大臣，他们凌驾于内阁之上，只对皇帝一人负责，讨论及所办理的国家军政事务，他人不得过问。由于军机处班子精干，效率高，保密性强，因而可以最大限度地确保皇帝对军权的控制。由此可见，从秦代到清代，皇权对兵权的控制日益严格，中央军事管理机构的权力也日益被分化和剥夺。

同时，历代帝王为加强对兵权的控制，在将帅对士兵的统御关系上，多实行“兵无专主，将无重权”的原则，从多个方面对将帅手中的兵权加以牵制和限制，防止将帅拥兵自重。

除去战事频繁的特殊时期，历朝历代都习惯于逢有战事，由帝王临时点将出征，再指定不同区域的兵源，令其指挥；等到战事结束，则兵归原防，将还任所。春秋战国时期开始使用的兵符，就起到这个作用。西汉以后也延续了这种做法，遇有战事，朝廷点将出征，要凭着皇帝颁发的羽檄、符节调兵；战争结束后，兵回原处。宋代时为了让士兵也不能常驻一地，与地方势力勾结，实行了一种更为离奇的“更戍法”，让驻屯京师的禁军与镇守在各地的禁军，按期轮换戍守驻地，以达到“兵无常帅，帅无常兵”“兵不识帅，将不专兵”的效果。到清代，为进一步防范将帅久居在固定的营地，形成朋比结党、拥兵自重，制定了限年更调的制度，

清圣祖康熙

以禁止将帅长期在固定的任所经营。康熙帝就曾说过："兵权久握，心意骄纵，故每致生乱。"并举"三藩之乱"的例子说："曩者朕曾降敕于广西将军马承荫，马承荫跪受，其下诸人皆惊曰：'我将军亦跪人耶？'即此观之，兵权不可令久擅也。"所以，历代帝王为将兵权收于皇权之下，可谓煞费苦心。但这种限制将帅权力的做法，明显是以牺牲军队战斗力为代价的。对将帅权力限制最严的宋代和清代，同样也是中国历史上战力最弱的朝代。

此外，历代帝王为了加强皇权对兵权的控制，还逐渐形成了一套监军制度。监军制度，早在先秦时期就已有雏形，到秦汉时期已初步形成。秦朝时设置的护军都尉、护军等职，主要任务就是监视将领，秦始皇甚至派自己的儿子扶苏以监军公子之名去监视蒙恬，后来秦二世胡亥又派李斯的舍人为护军，继续监视蒙恬部队。汉代开始，监军制度逐渐明确化，不再遮遮掩掩。刘邦在建国之初，就设置了护军都尉，用以监察将领和调解各将领间的关系。汉武帝初置建章营骑时，也明确派出侍中李陵和外戚卫青为监军；后为加强对京师屯兵主力北军的监督，汉武帝又专门设置监北军使者常驻在北军。东汉自刘秀开始，每次出兵征战，都是临时设置督军御史。东汉末至两晋时期，都督制确立了起来。都督的权力很大，发展到"都督中外诸军事"之职时，已等同于天下兵马大元帅了。监军将领的权力过大，同样对皇权产生了威胁，所以到隋代，都督之职被暂时取缔了。推行战争时，一般由御史充任监军职责。

到了唐代，监军制度再次完善起来，除由御使充任监军外，还出现了专职的宦官监军。唐高宗以后，派监军御史随军出征，监督军事逐渐常态化。监军御史可随时向朝廷汇报军情，弹劾将帅，甚至干预将帅的指挥和决策。到唐玄宗时期，为控制各地藩镇的将领和军队，开始改派宦官监军，并由此形成了较为稳定的监军制度。宦官监军不仅在各藩镇设立监军院或监军使院，在有战事时还要监临战阵。这一套宦官监军系统到了明代继续发展，宦官监军作为皇帝的耳目，以内臣之名遍布于军队的各层组织。此外，明代还另有一套以总督、巡抚、巡按以及兵备道等四级御史构成的文臣监军系统，同时承担着监军职责。

从本质上来说，监军制度是由于帝王对领兵将帅的不信任而形成的。监军制度虽然可以使皇权深入军队内部，但又经常使军队主帅的军事决策受到掣肘，甚至严重影响到军事效果。监军制度固然是帝王控制军队、将兵权掌控在皇权之下的重要手段，但在有些情况下，它又是帝王削弱军队战斗力的根源之一。

虽然军队是维系皇权统治的重要支柱，皇权本身也大多是依靠军队夺取的，但是历代帝王在牢握军权和影响战斗力之间进行选择，几乎从不考虑后者。因为，军队的战斗力即使再强，如果失去了控制，就只能有百害而无一利。因此，在古代中国，历代帝王多对自己的军队处于不放心的状态，既担心自己军队不够强大，自己的将帅无能，令皇权不保，又要担心哪个将帅心怀野心，掌握了军队的实权后于己不利。皇权与兵权的这种矛盾关系，导致历代帝王对将帅的猜忌和疑惧，成为不可避免的问题。夺取皇权时，要竭力提升战力，不拘一格选用战将；获得皇权后，又要竭力分割兵权，甚至不惜屠戮功勋。这一奇特的社会现象在古代中国的历史上反复发生，形成了古代政治和古代军事中循环出现的怪圈。

第二节　古代军队的力量构成

战争题材的古典小说，如《三国演义》《隋唐演义》等提到皇帝活动时，经常会提及皇帝的一支护卫部队，叫作御林军。这是中国民间对历代皇帝的禁卫军不熟悉，甚至对中国古代军队在不同时期的真实构成也不了解，才会出现的一种讹传。其实，在中国历史上，并没有御林军的存在。

军队也并不是从来就有的。人类早期由于社会生产力很低，并没有专事作战的脱产人员。当有作战需要时，部落首领要召开会议，动员和征集部落成员，然后再由部落首领率领、指挥这些部落成员投入作战。这些部落成员主要是劳动者，需要作战时，参加临时组建起来的作战组织；等作战结束后，还要继续从事生产劳动。

据《史记·五帝本纪》称，黄帝战败炎帝、蚩尤后，取代神农氏，成为新的部落联盟首领。从此，黄帝开始四处奔劳，或是征讨不顺从者，或是凿山开道，“迁徙往来无常处，以师兵为营卫。官名皆以云命，为云师”（迁移往来，没有固定处所，就在宿营之处部署作战人员作为护卫。由于黄帝所设的官职都是用“云”来命名的，所以这些护卫人员就叫做“云师”）。“云师”也就是酋长卫队，人员不多，在性质上更接近于卫戍队。

这种酋长卫队式的常备武装，到夏代建立国家后，就变成了国王侍卫队，成为最初的常备军。国王侍卫队式的常备军还只是军队的雏形，它和今天我们所说的军队还有一定的差距。夏代虽然已进入奴隶制社会，但由于生产力仍然很低，无法养活过多的脱产人员，由国王侍卫队构成的王室军队，只能由少数不从事生产劳动的贵族子弟组成，因此规模有限。为了提高这些贵族子弟的作战能力，国家还设立了专门的学校，来对他们进行教育，教育的主要内容是射箭杀敌和驾御战车。《孟子·滕文公上》中，孟子就曾经劝说滕文公要设立庠、序、学、校来训导民众："庠者，养也；校者，教也；序者，射也。夏曰校，殷曰序，周曰庠，学则三代共之。"（"庠"是教养的意思，"校"是教导的意思，"序"是习射的意思。夏代称为"校"，商代称为"序"，周代称为"庠"，"学"是三个朝代共用的名称。）也就是说，我们今天所说的"学校"，就是起源于夏代为进行作战训练而设立的机构。

夏代的王室军队由于规模有限，虽然也会在战争时投入作战，但战争仍需要大量兵民合一的民军。一旦发生战争，国家依然要临时征召以生产劳动为主业的平民参加作战。因此，夏代的军队是由王室直属的常备军和各方国的民军共同构成的。夏代军队主要以步兵为主，但从《甘誓》来看，车兵也已开始出现。根据《左传》等文献记载，夏代军队中可能已有"旅"一级的军队编制，一个"旅"约为500人。

商代前期，也仍然保持着常备的王军与临时征召的民军相结合的武装力量结构。但到了商代中后期，由于战争日益频繁，国家不得不经常维持一定数量的作战力量，出现了预有编制的民兵制，也就是先规定作战人员的编制，并按编制固定各级指挥官，再将人数分配下去，将适合服兵役的人员进行登记，一旦需要，只要通知各级指挥官，即可迅速按照编制集结作战人员。根据殷墟卜辞中的文字记载，商代的军队中已出现了“师”“旅”“行”这样的编制。其中，“师”和“旅”在后世还一直使用，而“行”却逐渐消失了，因为在商代，“行”是以族或邑为单位的基层编制，到了西周以后改为以“伍”为基层编制，也就是由5名士兵组成的战斗小组。因此，后世也以“行伍”指代军队，把加入军队称为“入伍”，把退出军队称为“退伍”。

西周为什么要以“伍”作为军队的基层编制呢？这是由于西周时的军队编制受到了人体自然结构的启发：人的手指、脚趾都各有5个。《逸周书·武顺》中说：“左右手各握五，右右足各履五，曰四枝（同“肢”）；元首曰末。五五二十五，曰元卒。一卒居前曰开，一卒居后曰敦，左右一卒曰间，四卒成卫曰伯。”意思是说，人的左右手各握着5个手指，左右脚各踩着5个脚趾，这是四肢，最后再加上头（头有五官），5个5是25，25个人就是最基本的卒。1个卒的士兵在前面开路，1个卒的士兵在后面殿后，左右又各有1个卒，4个卒环卫在一起就是1个“伯”了。“伯”实际上是个“佰”字，也就是指100人。这是西周时步兵的编制方法，这样很方便计算人数。车战部队中也有“卒”的编制，但人数与步兵不同。《周礼·司马》中记载，“五人为伍，五伍为两，四两为卒”。“两”就是“辆”，一辆车的编制是5个伍，就是25个人；4辆车为1个卒，1个卒就是100人了。虽然步兵和车兵中“卒”的具体人数有所不同，但“卒”和“伍”，无论在步兵中还是在车兵中，都是重要的基层编制。后来史书上有时又以“卒伍”二字来代指军队，即源于此。

西周的军队是在推翻商王朝的过程中建立的，从一支地方诸侯的民间武装，逐步在战争中发展壮大，成为一支强大的国家常备军。周文王时，就已拥有了6个师。这6个师因为长期屯驻在西部的国都镐京一带，又被称为“西六师”或“宗周六师”。后来周公东征平叛后，又在东都洛邑一带的殷人旧地新建了8个师，称为“殷八师”或“成周八师”。这些都是直接由周王调遣指挥的常备军，共有14个师。他们常年驻守在各自驻地，维护国家稳定，随时准备参加各类战争。这14个师的总兵力，研究者根据不同的资料记载推算，有些人认为应在5万人上下，也有些人认为应在14万人左右。此外，周王朝还有一支训练有素的王室卫队，叫做“虎贲”，又叫“虎臣”。“虎贲”这个词后来成为一个固定词语，用以指代勇猛的武士。《史记·周本记》中记载，周武王伐纣时，大军中有“虎贲三千人”。《吕氏春秋·古乐》中更是认为，灭掉商王朝的关键性力量正是这支“虎贲”军：“六师未至，以锐兵克之于牧野。”大部队西六师还没到呢，虎贲军就已在牧野战场上战胜了商王朝的军队。也就是说，“虎贲”的战斗力远在六师、八师之上。

西周所拥有的这些军队，无论从数量上来说，还是从战斗力上来说，都是中国自有军队以来，迄当时最为强大的一支常备军。这支军队不仅装备精良，而且创立了一整套完备的军队组织体系。这对以后中国历代军队的存在形式、组织体系、职能任务等，都有着巨大的奠基作用。这个时候，车兵已经代替步兵成为军队的主力兵种，车战也逐渐成为主要作战形式。步兵逐渐失去了独立性，成为车兵的附庸，一般要跟随战车进行合同编组，构成军队最基本的单位“乘”，每乘大约是 30 人。战车上的士兵叫做甲士，战车配备的步兵叫做车属徒兵。

到春秋时期，一个国家拥有战车的多少，往往被用作衡量其实力强弱的标准，因此一些军事强国常被称为“千乘之国”。因为当时进行的战争，一般都是在平原地区展开的，所以大多通过车战来决定胜负。但随着战争扩大到江、河、湖、海等各种水域，齐、楚、吴、越等国都相继建立了强大的舟师，从而使舟兵成为一个新的兵种。特别是到春秋中后期，由于驾舟作战技术的进步和造船能力的提高，舟兵得到了更加长足的发展。春秋时期由于战争日益频繁，各诸侯国掌握的常备军也随之不断扩大，于是就出现了作为军队最高单位的“军”。各诸侯国不管原来是大是小，纷纷建立起上、中、下或是左、中、右三军，所以后来才习惯上又把军队称为“三军”。但晋国军队最多时甚至建有6个军，每军达到万人规模。到了春秋后期，战场不断扩大，在城前平地上进行的两军对决越来越少，野外遭遇战和利用山河地势进行的突袭战越来越多，车战因灵活性不足而逐渐退居次要地位，步兵的作用重新被重视起来。特别是周边“戎狄”等少数民族对中原的侵扰加剧后，队形稀疏而且攻防阵式呆板的战车部队，很难对付这些少数民族灵活多变的步兵进攻。立国于平原地区、基本无险可守的郑国，最早使用步兵守卫疆土和反击“戎狄”。与“戎狄”为邻的晋国，公元前542年在与狄兵的遭遇战中，大夫魏舒为了适应山地作战，“毁车以为行”，放弃战车，按“五乘为三伍”的方式，把车兵改组成步兵方阵，开创了春秋时期中原地区改车兵为步兵的先河。这也是我国古代作战方式改变导致军队编制变化的典型事例。由此，步兵迅速发展起来。到春秋末年，南方的吴、越两国，步兵也相当著名。吴王阖闾伐楚之战以及吴越笠泽战役，都使步兵大放光彩。

进入战国时期，步兵进一步成为各国军队中的主力兵种，统称为“带甲”，各国出战动辄带甲数十万，甚至百万。同时，骑兵渐渐成为独立的兵种。骑兵既有车兵的速度，又弥补了战车缺乏便捷的不足；既有步兵的灵活，又弥补了步兵行动迟缓的缺陷，尤其是在冲锋陷阵时所独具的威力，更远非车兵和步兵可及。赵武灵王于公元前 307 年实行“胡服骑射”，被视为战国时期骑兵发展的重要事件，“骑万匹”代替“车千乘”成为大国军力的衡量标准。这展现了少数民族文化在军事上对汉文化的重要影响。但战国时期的骑兵还很少单独作战，经常是与步兵和车兵同时出现在战场上，根据各自的特长协同作战。赵国名将李牧曾动用 13000 骑兵，与步兵和车兵联合，一举斩杀匈奴 10 余万人。春秋时期出现的舟兵在战国时期也得到了大发展，不仅靠近长江的楚国、吴国、越国舟师强大，秦国的舟兵“蜀地之甲”和“汉中之甲”也同样威风八面，“舫船载卒，一船载五十，与三月之食”，即可出征，非常擅长浮江作战。

秦代建立后，延续战国时秦国传统，将兵种类别分为材士、骑士、楼船士、轻车等四种。其中材士，又称材官，即步兵，仍为主要兵种。骑士，即骑兵，虽没有配备马蹬，但已配有齐全的鞍鞯，可进行远距离作战。楼船士，即舟兵。公元前 221 年，秦始皇派屠睢率 50 万大军进攻南方的百越时，即以舟兵为主力。轻车，即车兵，虽已居次要地位，但仍在军事上发挥作用，可配合步兵冲锋陷阵或掩护撤退。

骑兵的大发展是从汉代开始的。特别是汉武帝时期，骑兵不仅取代了车兵，而且成为了主力兵种。这首先是因为汉军在与匈奴的频繁交战中，其他兵种无法抗衡匈奴骑兵机警、敏捷而主动的明显优势；其次，汉武帝对匈奴采取主动进攻的积极战略，强调要主动寻歼匈奴军队，以从根本上解除边患，这就需要出动大规模的骑兵实施大迂回战法来作战，不仅要求行军速度要快，而且必须要能克服地形限制。如在公元前121年的河西战役中，霍去病先是率骑兵1万沿着河西走廊，越过焉支山，进行千余里的大进击；后又率数万骑兵，北越黄河、贺兰山，绕过居延泽，进行大迂回；再南下到祁连山。公元前119年的漠北战役中，霍去病和卫青更是各率5万骑兵，长驱北上，进行了离本土最远的一次骑兵会战。汉武帝时期的这几次大战役，以及因此而完成的养马制度的建立和健全，已标志着中国古代骑兵完成了向战略军种的转变，已成为了战争的主力，也标志着中国军事史上骑兵时代的到来。有了强大的骑兵，西汉名将陈汤才能在给汉元帝的上疏中写出“犯强汉者，虽远必诛”的霸气。

汉代以后，骑兵、步兵、水兵一直是冷兵器时代的核心兵种。虽然火器在宋代就开始使用了，甚至出现了突火枪等管状火器，但还没有出现独立的炮兵。元代军队中虽然有了专门的炮手军，并单独编有炮手万户府等军事单位，但当时炮手的主要武器只是石炮。火器炮兵作为有单独建制的兵种，是在明代才出现的。明代大规模发展火器，改进枪炮性能，先进的神机枪炮和佛郎机炮大量生产和装备军队后，中国历史上才正式产生了第一个火器营——神机营的建制。到清代，随着冷兵器逐渐向火器时代过渡，军队开始向步兵、骑兵、炮兵、工兵、辎重兵等多兵种合成编制的方向发展。晚清兴办洋务，大量引进和仿制洋枪、洋炮，购买铁甲军舰，并学习西方军事制度，编练海军，创建新军，从而使中国古代传统军队编制发生了根本变化，进入近代时期。

以上是从历代兵种的大体演变历程，来看中国古代军队的力量构成的。下面，我们再从历代武装力量体制的演变来看一看。武装力量体制，是指以军队为骨干，包括各种正规的和非正规武装组织的构成、任务区分和相互关系。中国古代武装力量体制也是不断发展变化的。

在秦代以前，由于还没有实现全国的武装力量都由中央政权直接控制和指挥，因而无法建立起全国级别的武装力量体制。秦吞并六国之后，因为建立起了全国统一的专制主义中央集权国家，所以才在统一的武装力量基础上实现了中央军、地方军和边防军三部分构成的军队三分体制。

秦王朝疆域扩大、中央高度集权、地方又分郡县而治，其所建造起来的高度集权化的军事体系，即以都城为重点，以郡县为基础。其全国武装力量可分为京师禁卫部队、郡县地方部队和边防戍守部队三大部分。京师禁卫部队是秦军的主力部队，分两部分，一部分为由郎中令统率的皇帝贴身侍卫和由卫尉统率的皇宫亲军，一部分为由中尉统率的首都卫戍部队。郡县地方部队，由各地的郡尉、县尉统率，除负责地方治安外，平日主要任务是训练，随时准备遵从皇帝命令出兵参战。这是秦军的根本力量。边防戍守部队，是秦军的边防力量，分由各地边防的都尉统率（重要关塞还设有关都尉），主要任务是驻守边境要地，除此之外，还担负边境城塞等防御工事的构筑和修建。

汉代的武装力量体制沿袭秦制，又有所变化。西汉的中央军可分成南军（驻屯在长安城南部的未央宫区域，包括以郎卫为主体的宫廷禁军和以兵卫为主体的宫城近卫军）和北军（驻屯在长安城北部，负责京师卫戍和京畿安全，统帅称中尉，后改称执金吾）两部分。汉武帝时在南军中增设了虎贲和羽林军为近卫武士。羽林军本名为建章宫骑，核心任务是宿卫西汉皇宫建章宫。“羽林”取意“为国羽翼，如林之盛”，是说羽林军是国家的羽翼，像森林一样盛壮。后世帝王也经常设有羽林军这一近卫部队，民间因联系到御制、御笔等与皇帝有关的说法，就将羽林军讹称为了“御林军”。西汉的地方部队称为郡国兵，即郡县兵和诸侯国兵。诸侯国兵是因汉初刘邦分封诸侯王国而出现的。西汉的边防军叫边郡兵。后来，汉文帝开始推行移民实边政策，汉武帝时进一步在北方边郡推行屯田制度，使边防军中屯田兵的比重逐渐增大。

中央军、地方军和边防军三部分构成的军队三分体制，一直延续到唐代，虽然各代根据自有特点各有发展和变化，但大体相沿。这期间，有两个比较明显的变化。一个是中央军逐渐分成两部分，一部分仍驻留京城，另一部分则分布到地方要冲；另一个，是地方上非正规武装的不断兴起和壮大。

三国两晋南北朝时中央军开始明确分为中军和外军，中军戍卫京师，外军镇守地方，形成中央军的中外军体制。中外军成为中央军的名称，起源于东汉：东汉末年，曹操胁持汉献帝进入许昌。按东汉惯例，大将军出征时要以北军五营作为中军，但汉献帝君孤臣寡，身边并无南北军相随，于是行使大将军职权的曹操就以自己的部队作为中军出征，并逐渐扩大中军规模。最后，中外军取代了汉代沿袭的南北军成了中央军。到晋代时，中军又分为京城内的宿卫兵和城外牙门军两部分。宿卫兵包括宫殿兵和京城兵两支。同时，中央军还有分散在全国由各都督统率屯驻诸州的军队，称为外军。两晋南北朝时期常设的都督中外诸军事之职，都督的即是中军和外军，所以才说它相当于后世的天下兵马大元帅。

隋代初期设置十二府、左右卫统领京城内的禁卫兵，又设置骠骑府、车骑府分布在京师及地方要冲，负责镇守四方。后隋炀帝改革，在中央改设十六卫府来统领禁卫军，把驻守各地的骠骑府改为鹰扬府，取消了下辖的各级都督名号。唐代沿袭隋制，在中央设十二卫和东宫六率，其下设五府三卫，也就是内府，负责宫廷宿卫；又设折冲府，即外府负责镇戍各州。折冲府还负责轮流到京师宿卫，有征召时则参加战事。

中国古代非正规武装的兴起，开始于东汉初年。光武帝刘秀为“省兵减政”，罢除郡国的常备兵，令其复员为民，地方军事力量遭到削弱，各地郡守、刺史等乘社会动乱，逐渐建起私兵部曲。部曲本是设在军一级之下的主要军队编制，1 个部的兵力多在 1000 人左右，长官是校尉或司马；1 个曲的兵力多在 200 人左右，长官是军侯或千人。5 个曲为 1 个部，5 个部为 1 个军。私兵部曲实际上就是不受中央政权控制的民间武装。到两晋南北朝时，分散在各州的都督等一些官员，进一步募集兵力，私养亲兵家兵，使各地民间武装在原有私兵部曲的基础上进一步发展，出现了自卫乡里不脱离生产的“乡兵”组织。唐代前期，朝廷为应对周边少数民族的侵扰，征集设置了团结兵（又称团练兵），征集的对象是民丁百姓。他们平时在家生产，定期参加训练，完成指定的军事任务后，再归乡为农，具有兵农合一的特色。因为这些兵士多由土著居民组成，所以又称“土团”。

至北宋，这种非正规的民兵性质的地方武装被正式纳入国家武装力量体系。这样，以庞大的禁军作为中央军，负责驻守京师和分镇全国要地；同时建立厢兵为地方军队；继续保持边防军戍卫边境；并将遍布于各地、不脱离生产的乡兵，纳入国家指挥控制范围，平时自卫乡里，战时补兵出征，从而形成了以中央军为主体，中央军、地方军、边防军和乡兵相结合的武装力量体制新格局。

这种体制成为宋代及其以后历代王朝大体沿用的军队构成方式，只是具体名称有所变化。南宋时的屯驻大兵、新军，元代时的蒙古军、探马赤军和汉军，明代时的京军、卫所军，清代时的八旗兵、绿营兵和新军等，都是中央军在不同朝代的具体名称。乡兵在南宋时有关外义士、荆襄义勇、两淮土豪等，明代时有狼兵、土兵和民壮，清代有乡勇和团练等。

从历代武装力量构成体系中各种部队之间的关系来看，中央军大多处于绝对核心的地位，在兵力部署上也是贯彻重京师、轻地方的“内重外轻”原则，一旦出现外重内轻、中央无力控制地方的局面，往往就会发生社会动乱甚至王朝更替。只有中央可以“居重驭轻”地有效控制地方军事时期，国家才有可能保持相对稳定。

第三节　兵从何处来

唐代诗人杜甫的《石壕吏》，写的是他在安史之乱期间，投宿时遇见吏卒深夜抓人充军的情景：一家人里“三男邺城戍”，却有“二男新战死”，“室中更无人，惟有乳下孙”，可吏卒仍然要抓人，最后不得已，“老妪力虽衰，请从吏夜归。急应河阳役，犹得备晨炊”。李白有一首《古风》，写的是唐玄宗攻打南诏时征兵的情景，被征的士兵“长号别严亲，日月惨光晶。泣尽继以血，心摧两无声。困兽当猛虎，穷鱼饵奔鲸。千去不一还，投躯岂全身”。战争要损耗掉大量士兵的生命，人们都想避而远之，可中国古代史上连绵不绝的战争，却一直都需要不断有士兵填充进来。历朝历代，又是以什么方式、从哪里来征召士兵呢？这就要了解中国古代的兵役制度了。

在中国历史上，曾经出现过的兵役制度主要有四种基本类型：族兵制、征兵制、世兵制、募兵制。这四种兵役制度，在不同历史时期的存在，主要决定于当时的政治、经济状况和不同的战争需求。而且，它们在中国历史上的存在也是交互更替，甚至多种并行的。有的朝代以一种兵役制度为主，兼行另一种或两种制度；有的朝代开始时实行某种制度，后来可能又改为了另一种或两种制度；两三种兵役制度并行的朝代也不少见。

在这四种类型的兵役制度中，族兵制在中国历史上出现得较早，它适用于人口数量有限，并且行政组织较为完善的氏族部落时期或王朝来实行。族兵制规定全族适龄男丁都有服兵役义务，平时生产，战时出征，并强迫全族成员接受，具有强制性质。它实质上是从原始社会时期全体居民在作战时自动组织为武装力量的军事习惯演变而来的。所以，族兵制主要存在于中国的奴隶社会时期以及正处于氏族制向国家转化的少数民族政权统治下。比如，夏、商时代在编组军队时，基层单位“行”就是以“族”为重要依据的，并且规定氏族内的所有自由民在战时都是战士。族兵制虽然在春秋战国时期逐渐被征兵制和募兵制所取代，但并没有绝迹。南北朝时期的北朝各国，以及与其同时并存的各少数民族政权，实行的兵役制度，仍然是族兵制，要求本民族及其所统治的少数民族，都以氏族部落为基础组建军队，举族皆兵。以后的辽、西夏、金，甚至执掌中原政权之前的元、清，在本民族内也实行这种族兵制，军民不分，牧战结合，作战指挥者由各氏族部落的世袭首领充当。甚至元朝和清朝统一全国后，在一段时间内仍未脱离氏族部落制的影响，本民族内的兵役制度依然具有举族皆兵的族兵制色彩。

中原地区的族兵制在春秋战国时期被取代，是由于当时经济迅速发展，人口数量增长，社会制度也在变化，大批奴隶获得解放，同时又由于战争日益频繁，各国军队不断扩大，兵役制度也就随之改变了。特别是进入战国时期以后，不再对士兵的身份进行严格限制，改变了以前以贵族子弟为主要兵源的状况，农民转而成了主要兵源。随着郡县制的逐渐完善，各国普遍开始依托郡县制的行政制度，在兵役制度中实行征兵制。征兵制，也就是国家规定，符合兵役条件的国民必须承担兵役义务，按照军队的补充或扩编需要，强制征集丁壮人员服现役和预备役。征兵制适合在国家相对统一、专制集权政治制度比较健全、经济比较发达、人丁比较旺盛的条件下实行。征兵制，可使国民的兵役负担相对较为公平和均衡，而且服役者在结束役期后仍可退役为民。

战国时期，各国对征兵制的服役年龄要求并不统一，一般在 15 岁至 65 岁之间，遇到军事上有特殊要求时，还可能打破年龄限制。秦代建立后，规定全国男子的服役年龄为 17 岁至 56 岁，有些人会延长到 60 岁，身体羸弱、有残疾或过于矮小的人可以免服兵役。这也是延续了战国时期的制度。秦代征兵制的服役内容包括做一年的“正卒”，也就是在本郡接受军事训练并负责维持地方治安，然后再做一年以上的“卫卒”或“戍卒”。卫卒是去都城担任京城或皇宫警卫，戍卒是到边境担任边防战士。退出现役前的其余时间在乡生产，有战争需要时再应征入伍。西汉时期，逐渐把服役年龄规定为23岁至56岁之间。汉代是中国历史上征兵制建制最完善、执行最彻底的朝代，但到了东汉后期，由于土地兼并严重，自耕农成批破产，国家掌握的户籍丁口数量急剧减少，征兵制也随之走向衰落。到唐代前期，在府兵征召中，实行的已是一种特殊的征兵制了。其中担任皇帝宿卫的三卫五府士兵，要从官家子弟中选征，非官家子弟不得入伍。而一般的府兵呢，也要求要从中等以上的农户中征集，以财力、体力、丁口为标准，定期征召，以补需缺。这虽然仍是征兵制，但已是要求更为严格的选征制了。中唐以后，随着中央政权对人口户籍管理的失控，府兵制崩溃，人民逃避兵役的现象非常普遍，征兵制基本终结。后来的朝代中虽然也曾有过征兵，但多是权宜之计，使用的已不是国家固定制度层面的征兵方式了。

征兵制虽然是汉代执行得最为成熟的兵役制度，但并不是汉代唯一的兵役制度。汉武帝时期，由于长期对外用兵，使用通行的征兵制征的兵无论从数量还是质量方面，都难以满足当时大规模对外战争的需要了。汉武帝不仅在攻打朝鲜时招募了天下死罪犯人，而且他增设的中央军中的虎贲和羽林军，也都是招募而来的雇佣兵。之后，募兵制屡被启用，在西汉后期就已成了与征兵制并行的主要兵役制度。到了东汉末年，更是因为征兵制无法推行，而改以募兵制为国家最主要的兵役制度了。

所谓募兵制，是指国家以出钱雇佣的形式募集兵员的制度，也叫做雇佣兵制。应募者通常是失地或无业的流民，也有一些是立志要在行伍之中建功立业的勇士。在形式上，这些应募者都是自愿的，服役期限以不同时期的约定合同为据。但大多情况下，这些应募者一经选用，往往就终身为兵了。

募兵制是中国历史上延续时间最长的兵役制度。它实际上早在战国时期就出现了，齐国的“技击”、魏国的“武卒”、秦国的“锐士”，都是通过不同的考选形式募集而来的精锐之师。如魏国考选“武卒”，要求入选者要全副武装、携带3天的粮食，在半日之内能跑100里。中选者待遇很高，免除其家庭的赋役，还分给好的田宅。所以，“武卒”素质优良也就不足为奇了。只不过战国时，募兵制还没有成为国家主要的兵役制度。自汉代起，每逢兵员需求过大，原来兵役制度已不能满足战争需要时，募兵制就会成为重要的兵役制度，而且，一般历代最强悍的部队，也主要是靠招募而来的。唐代前期，虽然府兵多靠选征，但以招募而建的“兵募”，不仅一直存在，而且兵额巨大，有的还用以补充府兵的缺额。唐代中期征兵制终结后，募兵制更是一跃成为主要的兵役制度。北宋和南宋也以募兵制贯彻始终，庞大的禁军和厢兵都是靠招募百姓和灾民而来的。宋代将大量资财用于募兵和养兵，也是造成其兵多力弱局面的重要原因之一。到了元、明、清三代，虽然募兵制不再是主要兵役制度，但仍在一定范围内保持着这种征兵方式。如在明代中后期，仍然长期以募兵制的方式补充卫所军的缺额，京军在“土木之变”中瓦解以后，守卫京城、镇戍地方和东南沿海抗倭的军队，很多也是通过招募民间武装、民户丁壮的方式建立起来的。清代后期的湘军、淮军、新军等主要也是由招募而来的。

那元、明、清三代的主要兵役制度是什么呢？世兵制。世兵制也叫军户制，要求服役的士兵脱离民籍，另立兵籍，成为军户，也称兵户。士兵的家属也被聚居在一起，接受集中管理，使士兵不敢逃亡。服役的士兵，不仅自己要当兵，而且要父死子继，兄终弟及，世代为兵。

世兵制其实早在三国两晋南北朝时期就曾盛行过，但推行的原因与元、明、清三代并不相同。东汉后期，征兵制被破坏，募兵制得到大力发展。但到了三国时期，战争更加频仍，兵量需求进一步加大，可人口却在锐减，再加上各地豪强地主大量兼并土地，争夺人口，募兵制已无法推行，就不得不将一部分国民及其家属固定为军户，规定军户的服役士兵终身为兵，并且家人世代充役。那什么样的国民会成为军户呢？“民之强者补兵，弱者补户。”以户为单位，家里有强壮男子的，就以这名强壮男子为兵，包括他的家属整户都纳入兵户，成为军籍；家里没有强壮男子的，就将这一家整户纳入民籍，从事生产。世兵制作为中国古代一种重要兵役制度由此被正式确立起来，并在两晋时期发展到鼎盛，但到

隋文帝杨坚

南朝时期已渐渐衰落。到隋代统一南北方后，隋文帝要求将兵籍加入地方户籍，改兵户为农户，世兵制就暂告终结了。世兵制在这一阶段衰落的主要原因有三：一是世兵数量消耗巨大，长年战争不断，一场大战动辄伤亡十几万人甚至数十万人，世兵人口难以为继；二是士兵逃亡现象日益严重，虽然专设兵籍，又有家属连坐等重法惩罚，但因为政权割据、更替频繁，乘机举家或弃家逃亡者越来越多；三是世兵战斗力降低，世兵地位低下、精神不振，加之统治者为补充世兵的不足，不得不逐渐降低兵户的加入标准，必然导致战斗力不佳。因此，世兵制到南朝时期，就逐渐被募兵制取代了，到元、明、清时才重新出现。

但元、明、清三代实行世兵制的原因，与三国两晋南北朝时期并不相同。而且，元、清两代与明代实行世兵制的原因也不完全相同。其中，元、清两代实行世兵制，是由于蒙古族和满族原本实行的是族兵制，入主中原后，本族士兵以及归附他们的外族士兵，包括其家属，仍按族兵制的传统，被强制列入军户，世代为兵，成为固定的兵役对象。他们不再从事生产劳动，而是将新统治区域的广大居民划为民户，使其成为国家长期获取赋税和力役的对象。元代的蒙古军、探马赤军和清代的八旗兵，大体属于这种情况。而明代前期实行军户制，实际上是直接承袭了元代的军民分籍制度，并在原有基础上加以改革完善，不仅严禁军户、民户之间相互更籍和冒充，同时还规定军户要随营屯田积粮，以供军资，从而确保数量庞大的卫所军之所需。但实行世兵制的时间一长，战斗力严重降低的弊端仍难避免，明代后期、清代后期都逐渐转到以募兵制为主的兵役制度了。

族兵制、征兵制、世兵制、募兵制是中国古代最为常用的四种兵役制度。除此之外，历代也会根据战争需求，采用以囚徒与罪民为兵、强制降民和俘虏为兵、掳掠山民及其他民族强丁为兵，甚至偶尔还会出现抓伕为兵等方式来补充兵源。

从历代的兵役制度选择来看，各种兵役制度并没有一个从低级到高级的发展过程，而是循环往复、并同实行的。每个朝代的兵役制度往往是混合的，同一时期以某一种兵役制度为主，又经常辅以其他兵役制度，同一朝代的前期和中后期也可能会改变主要兵役制度。这种复杂性，都是受不同历史时期的政治、经济、战争、人口、民族传统等多种因素制约的综合选择结果。每个朝代单行或并行何种兵役制度以及在实行过程中的变化，并不是偶然的，也不是当时统治者的个人意志决定的，其中更主要的是受到当时总体经济状况的影响。

第四节　历代军法

军法是中国古代军制中的一项重要内容。“军法”一词最早出现在《周礼·夏官·诸子》中：“合其卒伍，置其有司，以军法治之。”在古代文献中，“军法”一词的词义不止一种，有时指的是军队组织法，也就是组织和治理军队的法律，但更多时候，是指军事刑法，主要是指刑律中的军律。人们常说的“军法从事”中的“军法”，指的就是军事刑法。《太白阴经》说得很明确：“赏，文也，刑，武也。文武者，军之法。”指明军法就是指军队中的奖赏与惩罚。中国军事科学院主编的《中国人民解放军军语》（增修本）中对“军法”的解释——“军队中的刑法”，也是这个意思。

中国古代军法是伴随着战争和军队的出现而出现的。古人甚至认为，战争本身，就是在执行刑罚。如《汉书·刑法志》中说：“故圣人因天秩而制五礼，因天讨而作五刑。大刑用甲兵，其次用斧钺；中刑用刀锯，其次用钻凿；薄刑用鞭扑。大者陈诸原野，小者致之市朝。”中国古代军法不断完善的过程，也是与中国历代战争实践、社会政治经济的发展以及中华文明的进程紧密联系在一起的。中国古代军法的发展进程、大体上可分为萌芽期、形成期、确立期、定型期和完备期五个阶段。

中国古代军法的萌芽期，是指从夏代到西周。这一时期，还没有出现面向民众公布的成文法律，因而也没有正式制定的军法。处于萌芽期的军法，主要包含在由国家最高统治者及军事统帅在临战前宣布的各种誓命文告中。《尚书》中记载的《甘誓》《汤誓》《泰誓》《牧誓》《费誓》等以及《墨子》中提到的《禹誓》，都属于这类誓命文告。它们既是战争动员令、讨敌檄文，又是古老的军法。“誓”，《说文解字》中解释：“誓，约束也。”《周礼·秋官·士师》中说，“誓”是当时的“五戒之首”，“用之于军旅”。它们以宣告赏罚内容的方式，对参战人员的征召、编组、训练以及纪律等做出规定，以便控制和指挥军队为其效命。誓命文告具有浓厚的原始宗教色彩，强调发动战争是“恭行天罚”，赏罚的实施方式是“赏于祖”“戮于社”，但已具备了军法的基本特征，体现着统治阶级的意志，具有强制性，并且是由国王颁布的。《司马法》中曾将原始社会有虞氏时期的誓命文告与国家产生后的夏、商、周时期做了对比，认为：“有虞氏戒于国中，欲民体其命也；夏后氏誓于军中，欲民先成其虑也；殷誓于军门之外，欲民先意以行事也；周将交刃而誓之，以致民志也。”就是说，在氏族部落时代的有虞氏时期，誓命是在城中向全体氏族成员宣布的，是劝告式的，目的在于让民众体念到部族的危难，以主动应命从征。这就意味着，此时的誓命还不具备法律特征，并不是强制服从的正式命令。而从夏代开始，是先征集兵员编成军队，然后再向军队发布命令，强制军队执行，要求先完成国王所思虑的事情。而且，根据《甘誓》等的具体内容而知，不执行，就会受到严厉的惩罚，因此，从夏代开始，誓命已具有部分法律特征了。到西周时期，青铜器“师旅鼎”和“小盂鼎”上的文字已记录了对不服军令的下属和所获战俘的审判案例。这些都已标志着中国古代军法的萌芽。

中国古代军法的形成期，是指春秋战国时期。军法开始出现在国家发布的综合性法律中，并逐渐产生了单行的军事法规，具体内容涉及军队的编组、管理、指挥及供应以及军人职责与行为模式等方面。执法方式也逐渐成形，主要是由统治者及辅助性司法机构或人员做出决断，以重赏重罚为导向。当时，随着战争的频繁、军队的扩大，制定军事法律规范对将士们在战争中的功过成败和训练中的成绩优劣进行赏罚，已属必然。特别是春秋中期以后，各诸侯国相继改革军制，军法内容逐渐增多，规定逐渐严密。536年，郑国执政子产铸刑书于鼎上，标志着中国历史上第一个成文法的出现，其中就包含军法内容。此时，军中专司军法的法官也趋于专业化。齐国和楚国的军正、吴国和晋国的司马等都是掌管军法军令的官员。进入战国时期，随着各国变革的不断深入、常备军的扩大，缘法而治、以法治军成为普遍现象。无论在军法理论上、条令法规的制定上，还是在执法的实践上，都达到了一个崭新的阶段。不仅军法的内容广泛详明，形式也趋于多样化和条令化，并已从一般刑律中独立出来，初成体系。秦国出现了《军爵律》《戍律》和《傅律》，齐国出现了《守法》《守令》《将军令》《库法》，魏国出现了考选武卒之法等。战国时期成书的兵书中也记载了很多当时的军事法规，如《尉缭子》中有《重刑令》《伍制令》《分塞令》等篇目，对于维护战场纪律、军队内部连保制度、军营内部的警戒、各级军官的权限、战斗编组及军旗和徽章的使用、指挥号令的实施等，都做出了具体而严格的规定。从《六韬》《商君书》《孙膑兵法》等书中也可看出，战国时期已出现了有关什伍行列编制法、营区管制法、训练教习法、惩治战败降敌逃亡法、什伍连坐法、作战功过奖惩法、惩治逃避兵役法、后勤保障法等方面的军法内容。这充分说明，春秋战国时期，中国古代军法的成文法正在不断形成。

到了秦汉两代，中国古代军法进入确立期。秦建立统一国家后，统一前所颁布实施的秦国军法得以推行到全国，成为全国范围的共同军法规范。秦的立法起于战国秦孝公时期。当时商鞅实行变法，将国家法规统称为“律”，《秦律》开启了以后历代以“律”来命名国家法律的先例。我们今天所常说的“法律”一词，即来源于此。商鞅变法推行军功爵制，明确要奖励军功，废除旧有的世卿世禄制，重新按军功确定爵位和等级。以军功授爵的制度在战国时期发挥了巨大作用，因为秦国实行得最为彻底，所以军队战斗力最强，对于后来的统一战争也产生了重大影响。秦代建立后，在继承秦国原有法律基础上，根据政治、经济和军事变化发展的实际情况和统治者治理统一封建军事大国的实际需要，又制定了许多新的法律。到了汉代，“汉承秦制”，基本沿用了秦代法律，在军法上更是如此。同时，汉代统治者结合治军需要，对秦代军法也有所增废。汉初，汉高祖刘邦命“萧何次律令，韩信申军法”，又由孙叔通、张苍等人加以补充，使军队调动、作战、筑城、宫卫、边防、兵役、军功爵、军马等诸方面都有了相应法令，并设置了地区性、细则性的军法科别、品约，如《宫卫令》《戍卒令》《马复令》《捕斩匈奴反羌购赏科别》《塞上烽火品约》等。汉代的军中也普遍设立了专职的军法执行官——军正。因此，在秦汉时期，军事立法、司法等制度都已初具规模，规范军队方方面面的各种成文军法、军令基本都已出现。秦汉军法确立了中国古代军法的本体和原则，并设定了中国古代军法的基本范畴。

此后，经过三国两晋南北朝的发展，中国古代军法最终在隋唐时期定型。隋代建国后，积极进行政治、经济、军事体制改革，并通过立法加以确认。其中许多制度，如三省六部制、兵役及军事领导制度等为唐朝所沿用。隋在建国后，即积极进行立法活动。开皇元年（581 年），隋文帝修订刑律，对两晋南北朝的法律制度进行了较大改革。开皇三年（583 年），又命苏威等更定新律，这就是历史上著名的《开皇律》。隋代的军法制度也主要体现于《开皇律》之中，其中的《卫禁律》《职制律》《厩库律》《擅兴律》等，都规定了侵犯军事利益的犯罪行为及其刑罚措施。唐代军法制度基本沿袭隋代，但又总结了隋代灭亡的教训，并根据军队建设需要及现实状况，制定了整套更为完善的军法制度。唐高祖李渊在武德二年（619 年）诏令制定了《武德律》，共 12 篇，500 条。唐太宗李世民即位后又令长孙无忌、房玄龄等人对《武德律》进行修订，于贞观十一年（637 年）完成《贞观律》。唐高宗李治又于永徽初年（1650 年）命长孙无忌、李勣等对唐律逐条逐句做出解释，叫作“疏义”，于永徽四年（653 年）颁行，即为《唐律疏义》。其中的《卫禁》《职制》《厩库》《擅兴》《诈伪》《捕亡》等篇中，详细地规定了军事犯罪的罪名及其刑事处罚。此外，唐代还制定了许多专门的军事条令、条例，如《誓众军令》《宫卫令》

《军防令》《厩牧令》《兵部格》《兵部式》《监门宿卫式》等。唐代的军法形式可分为律、令、格、式四种。其中，律主要规定的是军事犯罪和军事刑罚，也包含着军事刑事诉讼法的规范；令主要是军事组织制度方面的规范，涉及的范围较为广泛；格是皇帝临时颁布的各种单行军事敕令、指示的汇编，内容庞杂，但效力最高；式是军事机关行政活动的细则，也就是军事行政法规。唐代通过大规模的立法活动，就兵役、军事领导体制、编制体制、后勤装备、行政管理、军事犯罪与刑罚等方面都做了详细的规定，已形成了较为完备的军法制度，使国防及武装力量建设等方方面面都已达到了“有法可依”，不仅标志着唐代军法制度的系统化和完备化，而且一直为后世所仿效。

从宋代开始，直到清代的1840年，是中国古代军法的完备期。这一时期，中央集权的逐渐强化、皇权对军权的绝对控制、外族入侵的不断加剧、战争方式的变革等，推动了中国古代军法逐步完善。宋代的军法制度大量沿袭唐代，宋太祖赵匡胤在建隆四年（963年）命窦仪等编撰了《宋建隆详定刑统》并颁行天下，即后世所称的《宋刑统》。《宋刑统》除第二、三卷的条文起讫略有不同外，其余各卷的内容完全承袭《唐律疏义》，其中的军法内容也与唐代相同。但宋代也根据现实的需要，在唐代的律、令、格、式四种法律形式之外又新增了“敕”，先后颁布了《元丰将官敕》《熙宁详定军马敕》等单行的军法。宋代军法中较为著名的还有“阶级法”“逃亡法”“更戍法”“将兵法”“保甲法”等内容。这些军法内容，使得当时的禁军、厢军、乡兵等都有各自的军令、条例可约束，并对宋代军队的兵役、军事领导体制、编制体制、行政管理、军事犯罪及刑罚等方面都做了详细的规定。元朝建立后，在军法内容中既保存了相当多的蒙古族传统，又吸收了前代汉族各王朝的立法原则。元代汇编本朝各种典章制度的《经世大典》中，刑法资料集中汇集在《宪典》部分，其中设有《军律》一篇，也就是军法。这是中国历代军法中首次在国家法典中出现集中的《军律》专篇。明朝编写的《大明律》进一步打破秦汉以来将军法分列于多篇的格局，集中专列《兵律》一篇。《兵律》中不仅包括军事刑法，更是突出了军政各方面的内容，设有宫卫、军政、关津、厩牧、邮驿五门，门下又分若干条目，从而使《大明律·兵律》成为覆盖明代军事全局的基本法。清代的《大清律·兵律》与明代的内容基本相同，而其他新制定的军事法规、条令，则比明朝更为详明，如雍正年间制定的《钦定军规》(即《军令条约》)、乾隆年间的《行军简明纪律》等，内容涉及兵役、职制、编组、考选、功赏、纪律、教育训练、军器、释传、马政、供应等各个方面。

中国古代军法的发展，先是由临战誓言发展到相对稳定的成文军法，后来成文军法又经历由简至繁、日益多样与详备的过程，到明、清两代最终形成以《兵律》为主、各种专门军法条例为辅的相互补充、内容详备、门类齐全的严密军法体系。

从中国古代军法的特点来看，首先，皇权在军法中具有至高的权威性。不仅军法的所有内容都在维护皇权对军权的控制，而且权威的军律军令，也无一不是由帝王裁定颁行的。在有需要的情况下，帝王还可以随时以制敕、诏诰等方式补充或修订军法内容，而且在具体实践中，皇命往往高于任何其他法律。其次，历代军法在一定程度上都具有承袭性。秦代军法以战国时秦国军法为主，并吸纳了他国内容；汉承秦制又有所发展；唐承隋、宋承唐，也是一脉相承的；辽、金、元的军法，除保持其民族特色外，都以唐、宋军法为渊源，同时又对明朝军法的某些方面有所影响；而《大清律·兵律》则几乎是《大明律·兵律》的翻版。最后，历代军法在规范和执行上都要比民法更为严峻，军法从重是历代一贯的执行原则。军法之所以要强调严刑峻法、重赏重罚，是因为军法主要适用于战争和军队，战争的胜败直接关系到国家的存亡，军队的顺逆也直接牵涉到政权的稳乱，不得不严。

第四章

古代名将

中国历史上频繁出现的战争，造就了无数军事名将。中国历代文学中有大量涉及历史名将的作品，如《三国演义》《隋唐演义》《东周列国志》《说岳全传》《杨家府演义》等历史演义和英雄传奇小说，既对历史名将进行了宣传和推广，又在一定程度上对这些名将进行了虚构和重建塑造，并逐渐在中华文明中树立起一种独具中国价值观的英雄文化。英雄文化是一个国家或民族对其英雄共同的历史认同和价值认同，也是孕育和激发英雄主义与爱国主义精神、凝聚民族感情与国家意志不可或缺的历史文化土壤与内生力量。一个国家或民族英雄文化的强弱与兴衰，对于人民信仰、精神面貌甚至民族的前途命运都有着重要的影响。

我们有时可能会问，在中国古代史上，到底出现过多少名将？民国初年，北洋政府陆军训练总监处曾编写了一部

40 卷本、经由袁世凯监定的《历代名将言行录》，书中收录的名将上起西周，下至清末，共 1168 人，但也包括少部分发表过重要军事言论的政治人物。而 2007 年出版、由军事科学院战争理论和战略研究部编写的《中国将帅名录》，共收录中国历代将帅 934 名，上起远古时期的黄帝和炎帝，下至清末的朱红灯、黎元洪，其中包括了辽、夏、金等少数民族政权将领以及历代重要的农民起义领袖。由这两个数字可以看出，中国历代被正史记载入册的名将也就 1000 人左右。而在这大约 1000 人之中，出类拔萃的名将就更少了。

唐代时为振兴尚武精神、激劝军功，曾追封姜太公吕尚为武成王，并择古今名将陪祀。陪祀者以“十哲”加“六十四名将”的方式选出 74 人，其中“十哲”为张良、司马穰苴、孙武、吴起、乐毅、白起、韩信、诸葛亮、李靖、李勣。“六十四名将”为：孙膑、范蠡、廉颇、管仲、田单、赵奢、李牧、王翦、曹参、彭越、周勃、周亚夫、霍去病、卫青、赵充国、李广、邓禹、吴汉、冯异、耿弇、寇恂、贾复、马援、段颎、邓艾、张辽、皇甫嵩、关羽、张飞、周瑜、吕蒙、陆抗、陆逊、羊祜、杜预、王濬、陶侃、谢玄、王猛、慕容恪、檀道济、王镇恶、长孙嵩、慕容绍宗、斛律光、王僧辩、宇文宪、于谨、韦孝宽、吴明彻、杨素、贺若弼、韩擒虎、史万岁、王孝恭、尉迟恭、苏定方、裴行俭、王孝杰、张仁亶、王晙、郭元振、李光弼、郭子仪。这一份从西周到唐代安史之乱结束为止的古今名将名单，实际上也是唐代朝廷对历代名将的官方认定结果。而宋代张预编撰的《百将传》，则是中国历史上第一份学者编撰的历代名将榜，择取了宋代以前从《史记》到《新五代史》17部史书中正史记载的历代名将共100位，因此又称《十七史百将传》或《正百将传》。明代末年，陈元素又在《百将传》基础上编撰了《广百将传》，收录从西周到明代后期的名将共183位。

民国时期，王敬编著出版于1934年的《中国名将传》，收录名将122位。其中春秋战国时期12人：管仲、先轸、孙武、司马穰苴、孙膑、田单、吴起、赵奢、李牧、乐毅、白起、王翦；西汉时期8人：张良、韩信、周亚夫、卫青、霍去病、李广、陈汤、赵充国；东汉时期13人：邓禹、寇恂、冯异、耿弇、吴汉、马援、皇甫规、窦宪、班超、虞诩、段颎、祭遵、耿恭；三国时期8人：诸葛亮、关羽、张飞、邓艾、周瑜、吕蒙、陆逊、陆抗；两晋时期8人：羊祜、杜预、马隆、王濬、陶侃、谢玄、周处、祖逖；南北朝时期6人：慕容恪、檀道济、斛律光、韦叡、崔浩、宇文宪；隋代2人：杨素、史万岁；唐代15人：尉迟恭、李靖、李勣、薛仁贵、裴行俭、郭元振、张巡、郭子仪、李光弼、李晟、李愬、浑瑊、契苾何力、苏定方、王忠嗣；宋代15人：曹彬、曹玮、韩琦、范仲淹、狄青、种世衡、种师道、宗泽、张浚、韩世忠、岳飞、刘琦、吴玠、吴璘、余玠；元代4人：速不台、伯颜、伯帖木儿、察罕帖木儿；明代16人：刘基、徐达、常遇春、李文忠、沐英、傅友德、铁铉、王骥、郑和、于谦、韩雍、王守仁、俞大猷、戚继光、史可法、汤和；清代15人：多尔衮、图赖、年羹尧、岳钟琪、阿桂、曾国藩、胡林翼、罗浮南、塔齐布、江忠源、彭玉麟、左宗棠、李鸿章、刘铭传、冯子材。

第一节　名将的产生

翻看古籍中的名将画像，他们大多身材魁梧，肚子外凸。文学作品中经常把他们描写为“身长九尺，腰大十围”。民间俗语中，也把肥胖的肚子称为“将军肚”。但将军的肚子并非虚胖。在冷兵器时代，武将必须得是力量型的赳赳武夫，才能拉硬弓，射利箭，挥动沉重的拼杀兵器。要保持这样的体力，大量进食是重要保证之一。《史记·廉颇蔺相如列传》里提到，赵国名将廉颇到年老时，还能“一饭斗米，肉十斤”。但是光靠食量大、体力强，是成不了名将的。

名将，顾名思义，就是著名的将帅、将领。“将”字，本是动词，是“率领、统率”的意思。夏商周时期，国家实行的是军政合一、文武不分职的制度，“因事设官”“无文武之异”。国君及卿、大夫在和平时期掌管政事，遇有战争则直接指挥军队作战。国君设有三卿，负责指挥左、中、右三师，正所谓“出则为将，入则为相”。春秋时期，晋国最先建立“军”一级的最高军事组织，建立第一个军的是晋武公。晋武公之后，晋献公继位，把军队扩大为两个军。晋献公之后，晋文公继位，又把两个军扩大成三个军，称为上、中、下三军，并分别设立“上军将”“中军将”“下军将”负责掌管指挥，统称为“军将”。“军将”一职到了春秋末期，就在各国间逐渐演变成了“将军”这一固定称号。如孙武曾在吴国任将军，屈原曾在楚国任将军，司马穰苴曾在齐国任将军，等等。晋文公在设立三个军将的同时，还把“中军将”称为“元帅”，意为三军中的第一主将、最高统帅。由于春秋时期仍然军政不分，元帅在国家中的权力很大，如晋文公时期的名将赵盾，官拜晋国元帅的同时，还执掌国政，权倾一时，位列诸卿之首。到了战国时期，文臣武将的职责才逐渐分离了，廉颇和蔺相如之间“将相和”的故事，正是在这一背景下发生的。

从战国时期开始，在以后很长一段时间内，军中最高统帅之职一般改由大将军或上将军担任。如汉高祖刘邦拜韩信为大将军，汉武帝以卫青为大将军；东汉时有建威大将军、骠骑大将军等；三国时魏国和吴国还在大将军之上设置了上大将军；隋唐时也仍在禁军中设置大将军之职；但到了宋代，大将军已成了没有兵权的空衔了；明、清两代，只在战时设大将军统兵作战，战事结束后即废除。

在大将军或上将军之下，历代所设的普通将军的名号、种类、等级，就非常多了。汉代有车骑将军、楼船将军、材官将军以及前、后、左、右将军等。两晋南北朝时期有中军将军、龙骧将军、游击将军等。隋唐的禁军中，也都在大将军之下设有将军之职。但到了宋、元、明时期，将军已多为武官中的散官了，空有名号，没有职权。到清代，将军的种类更为复杂，有一种只是宗室爵号，如镇国将军、辅国将军等；还有一种是内地各省的最高军事长官，如西安将军、南昌将军等，或是边疆省区的最高军事兼行政长官，如黑龙江将军、伊犁将军等；还有一种是真正的将军，但也只是出征时临时任命的统帅，如扬威将军、靖逆将军等。

而以元帅作为军队最高统帅的做法，是从隋唐时期才开始重新兴起的，如隋代时有元帅、行军元帅等职。唐代开始，元帅名号骤增，有天下兵马元帅、兵马元帅、行军元帅、行营元帅、左右元帅、都元帅、副元帅等，大多为战时统帅，一般元帅之职由皇子或亲王充任，副元帅以有名望的权臣担当，李靖、郭子仪、李光弼等都曾出任过副元帅之职。宋代金兵南犯时也是如此，康王赵构担任天下兵马大元帅，老臣宗泽为副元帅；侵宋的金兵也设有都元帅之职，由金太祖之子完颜宗弼担任，是侵宋金兵的统帅。元代常在边疆地区设有都元帅、副都元帅、元帅、副元帅等职，为地区军事长官。明初曾设统军元帅等职，大将徐达就曾被封为淮兴翼统军元帅。到了清末，开始出现海陆军大元帅之职，但只有皇帝才有资格担任。

由此可见，虽然大多名将都曾担任过将军或是元帅之职，但并非所有担任过将军或是元帅之职的人都能成为名将。那么，什么样的将领才能被称为名将呢？

名将必须具有出色的军事才能和丰富的战争实践。虽然他们所处时代不同，军事指挥艺术各具特色，但都从不同方面对中国军事的发展做出了重大贡献，留下了宝贵的军事遗产。首先，名将们丰富和发展了古代军事思想。他们中有不少人是以其著名的军事论著而彪炳史册的，如孙武、吴起等。他们根据前代和当时的战争实践，总结了古代战争的某些规律，创立和发展了古代战争和建军指导思想，对战略、战术及军队训练等问题都有深刻的论述。他们中更多的则是在驰骋征战中不断创新，以其战争实践和用兵经验推动了古代军事学的发展。其次，古代名将都具有卓越的军事指挥艺术和丰富的带兵作战经验。他们一般通晓兵法，治军严整，具有远大的战略眼光。在战术上灵活机动，在战法上神奇多变，或以勇猛顽强著称，或以多谋善断见长，更多的则是智勇兼备，常常能出奇制胜。最后，古代名将都建立了卓著的功勋。名将们的一生大多久经战阵，出生入死，在广袤的中华大地上，创造了各种典范战例，顺应历史发展的潮流，立下了赫赫战功，并以其不朽的业绩，受到后世景仰。

然而，正如民间谚语所说：千军易得，一将难求。选将任将一直是中国历代统治者十分重视而又十分谨慎的大事。传说中商代末年姜太公钓鱼的故事，就反映了周文王寻找军事人才的诚恳和执著。这位俗称姜太公的吕尚，也是中国有文字记载的军事史上的首位名将。《史记·留侯世家》中载，张良曾从圯上老人那里得到一本吕尚所著的《太公兵法》。《武经七书》中著名的《六韬》相传也是吕尚所作。《六韬》中详细论述了选将的要求和方法，提出“五材十过”之说，要求为将要具备五种才德，避免十种缺点：“所谓五材者，勇、智、仁、信、忠也”；“所谓十过者，有勇而轻死者，有急而心速者，有贪而好利者，有仁而不忍人者，有智而心怯者，有信而喜信人者，有廉洁而不爱人者，有智而心缓者，有刚毅而自用者，有懦而喜任人者”。五种才德是指：勇敢、明智、仁慈、诚信和忠实。十种缺点是指：勇莽而不惜性命，急躁而渴盼速成，贪婪而喜好逐利，仁忍而难下决心，明智而胆量不足，诚信而轻信他人，廉洁而待人刻薄，多谋而优柔寡断，好强而刚愎自用，心懦而好仰赖别人。那又如何具体考察一个人是否可以成为将领呢？《六韬》中提出“八征”，也就是八种验证方法：“一曰问之以言，以观其详；二曰穷之以辞，以观其变；三曰与之间谍，以观其诚；四曰明白显问，以观其德；五曰使之以财，以观其廉；六曰试之以色，以观其贞；七曰告之以难，以观其勇；八曰醉之以酒，以观其态。”一是提出问题，看他是否详知；二是诘难追问，看他如何应变；三是派间谍试探，看他是否忠诚；四是公开询问众人，来考察他的德行；五是用财物考验，看他是否廉洁；六是用女色试探，看他是否贞正；七是告知他危难的任务，看他是否勇敢；八是让他喝醉酒，看他是否失态。《六韬》可能是战国时期的著作，基本上反映了自西周以来到战国时期的军事实践和理论主张。

而在春秋战国时期出现、被历代称为“兵林圣典”的《孙子兵法》中，孙武提出，为将必须要“智、信、仁、勇、严”兼备。此“五德”被后世公认为选拔培养将帅的基本标准。孙武认为，将帅还要能够临危不乱、善于处变、宠辱不惊，具备从容应战不自乱的心理素质，能够明辨全局知轻重、把握全局转危安、洞察全局寻战机，具备引领复杂战局走向的掌控能力。这就要求为将者具备“知天知地”的广博知识、“知己知彼”的卓越才能、“通于九变”的英勇智谋、“进不求名，退不避罪”的责任心等。同时期的另一位著名军事家吴起在《吴子兵法》中也强调，“夫总文武者，军之将也”，将帅必须要文武兼备，还必须要有治军之道，“以治为胜”，兵不在众，贵在于治，要赏罚严明、选募良材、“任贤使能”。

署名为诸葛亮所著的《将苑》一书，是中国兵学史上第一部专门论述为将之道的理论著作。它博采《孙子兵法》《吴子兵法》《六韬》等兵书和其他典籍，通过“将材”“将器”“将弊”“将志”“将善”“将强”“将诫”等章节，全面系统地论述了将帅应具备的品格、修养、能力和素质。例如，它认为“将材”有九种：“察其劳苦”的仁将、“不为利挠”的义将、“贤而能下”的礼将、“临危制胜”的智将、“刑不择贵”的信将、“长于剑戟”的步将、“驰射如飞”的骑将、“勇于大敌”的猛将、“谏如顺流”的大将。在“将器”一章，认为将帅分为“十夫之将”“百夫之将”“千夫之将”“万夫之将”“十万夫之将”和“天下之将”六个层次，而要成为“天下之将”，就必须具有“仁爱洽于下，信义服邻国，上知天文，中察人事，下识地理，四海之内，视如室家”的修养和能力才行。

在诸葛亮之后，另一位在理论和实践中都对将帅的选拔和培养问题做出重要贡献的，是明代的抗倭名将戚继光。他明确提出了“练将”的主张，认为“练将”是军队建设的根本，“练兵之要在练将”。戚继光所著的《练兵实纪》中有五卷内容专门论述将帅问题。他把将帅必备的素质概括为德、才、识、艺四个方面，即品德作风、指挥才能、学识能力、兵器武艺。要具备这四方面的素质，最重要的途径就是学习和训练——学习兵法和历史，练武艺，练胆力，练各种技能，学好后再到实境中去锻炼和应用，然后就可以根据实境考察，按照其德才识艺的不同程度和特长，委以相应的职务。

从以上历代的这些经验总结和思想主张可以看出，战争对将帅的要求非常严格也非常全面，再加上名将的产生必须要经受过战争实践的考验，因此，在漫长的中国历史中，虽然曾担任过将帅的人不可计数，但真正称得上名将的人却也数量有限。历代帝王选拔将帅，特别是在战争急需人才之时，不得不放宽要求。但真正能够造就名将的选拔，一般都会遵循三个基本原则：一是唯才是举，不问出身，如《三国志》中说曹操用将，就是“拔于禁、乐进于行阵之间，取张辽、徐晃于亡虏之内，皆佐命立功，列为名将”；二是将尽其才，量才录用，《多桑蒙古史》中引用成吉思汗的话说，“智勇兼备者，使之典兵；活泼矫捷者，使之看守辎重；愚钝之人则付之以鞭，使之看守牲畜”；三是避其所短，取其所长，王阳明在《陈言边务疏》中写道：“用人之仁去其贪，用人之智去其诈，用人之勇去其怒。夫求才于仓卒艰难之际而必欲拘于规矩绳墨之中，吾知其必不克矣。”

中国历史上，在善于任用将帅方面，汉高祖刘邦可谓典型。刘邦所用的大将多半出身微贱，如周勃出身于吹鼓手，樊哙是屠夫，灌婴是布贩子，黥布是个刑徒。刘邦不拘泥于下属的缺点，更看中的是他们的优长，如陈平虽然贪财好色，但奇智多谋，他用为谋士；韩信虽曾投靠项羽又当过逃兵，但具有国士无双的将才，他用为大将。而且，刘邦对各人的能力也非常清楚，并能量才而用，他说：“夫运筹帷幄之中，决胜于千里之外，吾不如子房（张良）。镇国家、抚百姓、给馈饷，不绝粮道，吾不如萧何。连百万之军，战必胜，攻必取，吾不如韩信。”历代的名将，也正是由于得其所用，最终才成为名将。

第二节　功勋显赫的神勇战将

《孙子兵法》中将“智、信、仁、勇、严”作为将帅“五德”，但人们在衡量名将时，特别是沙场战将，总要最先权衡他们的神勇，正如《吴子兵法》中所说，“勇之于将，乃数分之一耳”，但“凡人论将，常观于勇”。勇，并非是简单的不怕死，而是要具备身处险境、敢于决断的魄力，这又往往与战功联系在一起。离开作战指挥及所建树的功勋，仅凭战斗勇敢闻名之将，一般多被称为猛将、斗将，难以与战功显赫的名将并提。在中国军事史上，神勇无敌、战功显赫的著名战将虽然不少，但也仅有数十名而已。其中，白起，可谓首屈一指。

白起，与王翦、廉颇、李牧并列为战国四大名将，《千字文》中写道：“起翦颇牧，用军最精。”作为秦国扩张战争中的主要将领，白起在30余年的戎马生涯中，歼敌百万，克城七十余，兼地几千里，用兵如神，无一败绩，是中国军事史上罕见的“不败将军”。《史记·白起王翦列传》中称他“料敌合变，出奇无穷，声震天下”。他参加的著名战役有伊阙之战、鄢郢之战、华阳之战以及长平之战等，这些战役几乎全歼了六国有生力量，为秦统一中国奠定了坚实的军事基础。

伊阙之战发生于秦昭王十四年（前293年），对手是韩、魏联军。在兵力上，秦军10万，并非精锐；魏韩联军24万，均为主力；魏国“武卒”之强名闻天下，韩国“材士”多为弓弩步兵，可以“百发不暇止，远者达胸，近者掩心”；而且韩军兵器也向来强大，“强弓劲弩皆由韩出”“天下之宝剑韩为众”。在地理上，伊阙为韩、魏门户，两山对峙，地势险要，韩魏联军据此要塞，易守难攻。再从将领上看，魏将公孙喜和韩将暴鸢都是成名已久的沙场老将，经验丰富，且多次合作，而白起初掌兵权，未经大战，但这也正是白起可以运用奇兵的机会。由于双方兵力悬殊，白起采取分散敌军、各个击破的战术，针对两国联军为保存实力都不愿先战的心理，先出疑兵迷惑韩军，再集中力量攻魏军不备，破魏再击韩，结果全歼敌军24万，连下5座城池。这是中国历史上第一次歼敌20万以上的歼灭性战役。白起以少胜多，一战成名。

15年后，白起在鄢郢之战中再次威名远扬。秦昭王二十九年（前278年），因楚国已经国政败坏、民众疏离，白起趁机发起了一场惊心动魄的长距离穿插攻坚战，仅率数万之众，孤军深入“地方五千里、持戟百万”的楚国，直捣郢都。双方首先在郢都的门户鄢城展开决战，白起因以客击主，僵持不下，转而利用鄢城地势较低、西有长谷水的地形特点，放水淹城，“楚人死于城东者数十万”，然后乘胜火烧夷陵，轻取郢都。白起因此战之功被封为武安君。

5年后，即秦昭王三十四年（前273年），白起又与赵魏联军战于华阳。这一次，白起采用兵贵神速的战术方针，仅用8天就抵达战场，给赵魏联军带来巨大的气势压力。之后白起采用先强后弱的进攻策略，先期攻魏，俘获3员魏将，歼敌13万，再击赵军，又歼敌2万。

又过了十几年，白起迎来了他一生中最为辉煌的长平之战，并随之丧命。秦昭王四十七年（前260年），秦国在采用反间计使赵国以赵括取代廉颇为主将后，白起先令秦军诈败，引赵军追击，再派奇兵截断赵军后路，又出兵打援，将赵军一分为二，围困不攻。赵军断粮46日，赵括突围被杀，其余40万赵军全部投降，白起担心降卒反复为乱，尽数将其坑杀。这也为白起落得了暴戾之名，后人称之为“人屠”，也就是杀人的屠夫。

长平之战后，白起乘胜围攻赵国都城邯郸，虽然已唾手可得，但秦相范雎妒其功大，游说秦昭王接受献地而罢兵，引起白起不满，范雎趁机进谗言，秦昭王将白起削职流放，随后又赐死于途中。白起自刎以后，秦地民众在他的殒命之处杜邮（今咸阳东郊）自发举行祭祀活动，并建立了白起

秦武安君白起

祠。后来唐代设立武成庙，将白起列在“十哲”之中陪祀。唐代诗人白居易撰写的《太原白氏家状二道·故巩县令白府君事状》中，曾称其祖父是白起的第二十七代子孙。

除白起外，还有一位被后世称为“神勇无二”的名将，曾无数次地出现在不同时期的诗词之中。他就是西楚霸王项羽。李清照的“生当作人杰，死亦为鬼雄。至今思项羽，不肯过江东”为历代所传颂，毛泽东也有“不可沽名学霸王”的诗句。而项羽的传记在《史记》中被列入“本纪”，享受的是帝王的待遇。

项羽，名籍，生于公元前232年，本是楚国贵族；公元前209年，在秦末农民大起义中，跟随叔父项梁杀掉郡守，夺得兵权，以裨将身份走上战争舞台；公元前202年自刎身亡。他虽然只参加了8年战争，死时才30岁，但已历经70余战，唯有垓下之战一次败绩。清代才女李晚芳在《读史管见》中赞道：“羽之神勇，千古无二！”项羽一生中所历经的著名战役分别是巨鹿之战、彭城之战、垓下之战，无不展现着他的英勇。

巨鹿之战发生于公元前207年，是项羽首次威镇诸侯、称霸天下的关键性战争。最初，项羽本为楚军次将，因主将宋义逗留不进，愤而杀之，自任上将军，带兵直进。然后破釜沉舟，战于巨鹿，俘王离，降章邯，取得了决定性的胜利，从而扭转了整个战争形势。当时项羽才24岁。

公元前206年，刘邦入关后，项羽率军40万进驻咸阳，封诸侯王18个，自立为西楚霸王，建都彭城（今江苏徐州）。公元前205年，刘邦利用项羽平定叛乱陷入山东战场的机会，率领56万大军攻占彭城。项羽得知消息后，带3

万精锐骑兵，绕过刘邦重点设防的彭城东、北两面，插到彭城之西的萧县，采用攻其不备的战术突然向彭城发动袭击。这一仗，项羽“杀汉卒十余万人”，还有“汉卒十余万人皆入睢水，睢水为之不流”。刘邦被楚军所困，只带了几十名随从逃出重围。彭城之战同样是中国军事史上著名的以少胜多的典型战例。彭城之战结束后，刘邦向西溃退至荥阳、成皋一带。

项羽虽拥有较强军事实力，却因没有巩固的后方，也没有主要打击方向，一直穷于应战，疲于奔命。公元前203年，项羽和刘邦约定以鸿沟为界，东属楚，西归汉。次年，项羽撤兵，刘邦乘机全力追击，击败楚军于垓下（今安徽灵壁南），项羽只身逃至乌江边，自杀身亡。尽管这是项羽一生中唯一的，也是决定生死的一场败仗，但在大局已定之时，他仍然神勇豪迈，突围、斩将、刈旗，无人可挡，转手即可“杀数十百人”，在十面埋伏、四面楚歌之中上演的霸王别姬、乌江自刎、自言无颜再见江东父老，无不表现出项羽的神勇奇壮，为中华文化留下了悲壮的一笔，被后人念念不忘。由于项羽终其一生，攻城掠地无数，从未在战场上怯懦和退缩过，在与对手胆量、信心和力量的比拼上，无不气势逼人，因而被后人视为古今少有的真英雄。

在东汉时，也有位神勇的将领，名为耿弇，不仅英勇善战，而且比项羽多了许多谋略。耿弇，“少学诗、礼，明锐有权谋”，并“好将帅之事”。东汉明帝曾将随刘秀一同开国、战功卓著的28位将军一一画像，悬于云台阁上，称为“云台二十八将”。耿弇排名第四。耿弇21岁起跟随刘秀征战天下，35岁时功成而退。在有限的14年征战中，耿弇以其文韬武略之才，创造了一系列军事奇迹。还在天下大乱之

汉光武帝刘秀

初，他就力排众议，放弃投靠坐拥几十万兵马的各路割据势力，独独选择了当时尚无落脚之地的刘秀，并先后为刘秀提出三策：初见刘秀时，就提出了平定河北的方略。当时刘秀对这个只有21岁的年轻人未以为意，只是说：“小儿曹乃有大志哉！”待刘秀势力渐大时，更始帝刘玄却令刘秀返回长安，实际上就是要解除其兵权，刘秀左右为难，耿弇又提一策：“以义征伐，发号响应，天下可传檄而定。”说得刘秀立下了称雄的决心，并晋升耿弇为大将军。待刘秀称帝后，平定了河北、河南，但东、西两侧尚有三大劲敌，耿弇又提一策，让刘秀派重兵向西，自己单独平定东面劲敌。刘秀虽然允诺，却不敢相信耿弇能够成功。但耿弇很快就以他神勇的战绩说服了刘秀。

耿弇带着3万精兵来到山东，对战在济南拥兵20余万的张步。耿弇先取祝阿城，“开围一角”，令城内民众溃奔钟城，扰得钟城人心惶惶，纷纷外逃；又乘机拿下钟城，进逼巨里，在巨里采用围点打援的战法，全歼援军；然后采用声东击西之计，偷袭临淄，半日就将其拿下。惊得张步亲率重兵前来临淄决战，耿弇却先“示弱以盛其气”，然后突发奇兵，一举将张步击溃，又令预设在张步退败途中的伏兵一路围击，张步只得率10余万军队投降。对此，刘秀称赞道：“将军独拔劲敌，其功乃难于信也。”认为耿弇攻取山东的难度要大于韩信。

耿弇追随刘秀，在全国88个郡中，“凡所平郡四十六，屠城三百，未尝挫折”。他一个人就为刘秀打下多半个江山，而且未曾吃过一场败仗，确实是一个不折不扣的常胜将军。刘秀当初曾说过耿弇是“小儿曹乃有大志”，后来却不得不感慨地说道：“有志者事竟成。”这句话流传后世，已成为常用的励志话语。明代的叶居升说过：“世间奇才，罕有如颜回、耿弇、邓禹者。”

历史上战功显赫的神勇之将，还有很多。明清一些小说中也多有演义，如赵云、薛仁贵、常遇春等，虽有夸张，但也有些历史根据。不过像李元霸、罗成、杨宗保等这些所谓的第一名将，就都是凭空捏造的了，历史上并无其人。

第三节　抗敌御侮的爱国名将

抗敌御侮的爱国精神是中华民族凝聚力的无尽源泉，也是维护和保卫国家民族利益的永恒动力。

在中国古代史上，曾涌现出很多抗敌御侮的爱国名将，南宋的岳飞因其精忠报国的爱国精神和精湛的战争指挥艺术尤为著名。

岳飞

岳飞，字鹏举，1103年出生于河北西路相州汤阴（今河南安阳汤阴县）的一个普通农家。岳飞少年时喜读《左传》和孙、吴兵法等书，曾拜周同（《说岳全传》称“周侗”）、陈广为师，学骑射和刀枪之法，武艺“一县无敌”，加之天生神力，能挽弓三百斤，开腰弩八石，“时人奇之”。1122年，童贯、蔡攸兵败于契丹，河北真定府招募“敢战士”御辽。岳飞前往应募，成为“敢战士”中的一名分队长。但不久就因父亲病故，离开军队回乡守孝。1124年，岳飞的家乡发生水灾，为了谋生，他再次从戎，到河东路平定军（今山西平定）担任偏校。金国1125年灭辽后，大举侵宋，攻破太原，南下围困开封。从平定军突围回到家乡的岳飞目睹金人入侵后人民惨遭杀戮和奴役的情形，心中愤慨，意欲投军，但又担忧老母年迈。岳母深明大义，积极勉励岳飞“从戎报国”。于是，岳飞于1126年前往相州刘浩部队，第三次从军，划归时任河北兵马大元帅的赵构统辖，担负驰援开封的任务。1127年，金军撤出开封，掠走徽、钦二帝。赵构即皇帝位，是为南宋高宗。岳飞不满赵构采取避战南迁的政策，不顾官卑职低，上书数千言，力主北渡作战，因而被革除军职，逐出军营。

但岳飞的抗金决心并未动摇，他渡河北上投在主张抗金的招抚使张所帐下，第四次从军。谁知张所没多久就因坚持抗金遭贬发配岭南，岳飞只得转投开封府留守宗泽，并受到宗泽重用。1128年，宗泽重病离世，无意北伐又热衷于排斥异己的杜充接任留守之职。1129年，金军进袭扬州，赵构逃往杭州。金军统帅完颜宗弼（即《说岳全传》中的金兀术）渡过长江攻占建康，直取杭州。杜充强令各部南撤后，不久降敌。岳飞率领岳家军转战后方，与金军屡战屡胜，并于1130年获朝廷诏令，配合韩世忠，伺机收复建康。侵占建康的金军北渡长江时，被韩世忠困在黄天荡40天，逃出后又在建康城南牛头山等地遭到岳飞部的冲杀。战斗历时半个月，建康得以收复，岳家军取得了首次辉煌胜利，岳飞也首次得以面见赵构、获得赏赐。后赵构又赐御书“精忠岳飞”锦旗，并将牛皋等部拨归岳家军。

1134年，岳飞上书北伐，请求收复襄阳六郡，以为恢复中原的基本。得到赵构准许后，岳家军一日即攻取郢州，杀敌七千余。接着，兵不血刃入襄阳。在攻打随州时，16岁的岳云勇冠三军，手持两杆数十斤重的铁锥枪，第一个冲上城头。金军转而纠集30万大军反扑襄阳，又惨遭大败。岳家军乘胜进一步夺取了邓州、唐州和信阳。岳飞收复襄阳六郡，是南宋头一次收复大片失地。

1136年，南宋宰相兼都督诸路军马张浚决定再次北伐中原，令岳飞进军襄阳。不料岳母此时病逝，岳飞悲痛不已，眼疾复发，安葬岳母后，却难尽三年守丧之礼。在朝廷再三催促下，岳飞忠孝难以两全，赶回军中，誓师北伐。岳家军兵分两路，连连取胜，获北伐大捷，得到朝廷下诏嘉奖。岳飞本想乘胜收复河北失地，却未能得到朝廷的允许。

此时，金国政局出现变化，开始向南宋呼吁和谈。赵构为“屈己求和”，重用秦桧等投降派，不顾韩世忠、岳飞等人的坚决反对，加强与金国联系，并于1138年底与金国达成第一次和议：南宋取消国号，成为金国藩属，每年纳贡。岳飞一怒之下，上书辞职，但朝廷不允所请。

1140年，完颜宗弼重掌金国大权，立即废除对宋和议，亲统大军南下。岳飞率军北上抵御，并联系各路抗金力量对完颜宗弼盘踞的开封形成六面包围之势。不意正值此时，朝廷却诏令各路军队南移。完颜宗弼得知驻扎在郾城的岳飞兵马不多，立即出动骑兵1.5万、步兵10万直扑郾城，企图一举消灭岳家军的指挥中枢。会战在郾城城北展开。完颜宗弼以精锐部队重装骑兵“铁浮图”为主力，从正面进攻，左右翼辅以“拐子马”。岳飞令岳云率骑兵迎战，往来冲杀，并派步兵用麻扎刀、大斧等，上砍敌军，下砍马腿，杀至天黑，金兵大败。此时，完颜宗弼又调集12万大军屯于临颍，与率兵出巡的杨再兴在小商桥遭遇。杨再兴以300骑兵的兵力杀死金兵2000多人，其中包括100多名军官，杨再兴与所部全部英勇战死。后张宪率兵再战，金兵被迫退出临颍。然而，完颜宗弼马上纠集 10 万步兵和 3 万骑兵攻往颍昌。王贵、岳云分率精骑与金军战于颍昌城西。岳家军直杀得“人为血人，马为血马”，斩金军 5 千余人，俘 2 千余人，其中将官 78 人，获马 3 千余匹，取得了颍昌之战的胜利。岳家军乘胜北上，进抵开封西南的朱仙镇，再次击溃金军。完颜宗弼无路可走，准备放弃开封，渡河北遁。岳飞兴奋地

宋高宗赵构

对部属说：“今次杀金人，直捣黄龙府，当与诸君痛饮！”

但宋高宗为与金议和，不愿继续北进，连发十二道金牌召回岳飞。岳飞愤惋泣下，长叹“十年之功，废于一旦！”1142年，岳飞以“莫须有”的罪名被害。1162年，宋孝宗即位，为岳飞冤狱平反。1178年，宋廷为岳飞追赠谥号“武穆”。

岳飞虽然被杀害，但他的功绩不可磨灭，他精忠报国的爱国主义精神、抵御外族入侵时顽强的拼搏奋战精神，以及所表现出来的崇高的民族气节，都是中华民族民族精神中的精髓。

在岳飞之后，明代的戚继光也是一位战绩突出的爱国名将。戚继光，1528年出生，自小就志在疆场，保国卫民，17岁袭父职担任登州卫指挥佥事后，一生有40余年都在军中度过，曾写下“封侯非我意，但愿海波平”的名句，是中国历史上著名的抗倭将领。明嘉靖年间，倭寇窜扰中国沿海，烧杀掳掠，激起民众反抗。戚继光袭任父职后，先是在山东防备倭寇。1555年被调到浙江都司，次年任参将，负责镇守宁波、绍兴、台州三府。1559年，他鉴于军中将骄兵惰、战斗力低，亲自去金华、义乌等地招募精壮的农民和矿工4000余人，按年龄和身材配发不同兵器，进行编组训练，并由此训练出一支闻名天下的“戚家军”。他赏罚严明，主张官兵

“同滋味”，深受士兵拥戴。在抗击倭寇中，他针对南方多湖泽的地形，创造了攻防兼宜的“鸳鸯阵”，以 12 人为一队，长短兵器配合，因敌因地变换队形，作战灵活，屡次打败敌人。

1561 年春，倭寇 2000 余人、战船 50 余艘集结于宁波、绍兴外海，伺机入犯。戚继光亲督舟师出巡海上。倭寇见明军有备，转从奉化东南登岸，在宁海以北大肆劫掠，意欲吸引明军，而后乘虚窜犯台州。戚继光令台州加强防守，海门、新河等地策应，又在海上布下伏兵，然后自率主力前往宁海。倭寇以为明军中计，遂兵分三路进犯台州。戚继光决定集中兵力先攻大敌，然后依次剿除、各个歼灭，于是令海门和台州之军前往倭寇进犯的新河救援，自领主力先剿宁海之敌。就在新河激战之时，戚继光迅速地集中兵力歼灭了宁海倭寇，然后增援台州，以速战速决的方式，全歼来犯之敌。后虽然倭寇又有来犯，但只用了半年时间，倭寇已不敢再大规模进犯台州等地了，浙江倭患基本荡平。

1562 年夏，戚继光又奉命前往福建沿海清剿倭寇。当时横屿岛是倭寇在闽北的巢穴，四面环水，易守难攻。戚继光经过周密部署，选择退潮之机，命将士轻装进剿，并携带着草盖淤泥铺路，出敌不意地登岛，歼倭 2600 余，并乘胜捣毁了倭寇盘踞牛田和林墩的巢穴。1563 年四月，戚继光再次奉命率兵万余急赴福建，与俞大猷等联合进攻倭寇据为巢穴的平海卫，一战斩倭2200余，升任福建总兵。此后，戚继光一直转战在福建、广东沿海的抗倭战场。至1566年，东南沿海倭患基本消除。

东南沿海倭患平息后，明代北边仍然存在鞑靼的威胁，为加强北边防务，朝廷于1567年调戚继光北上，负责训练边兵。1568年开始负责蓟州防务，镇守蓟州、永平、山海关等处。在任16年，戚继光整顿边防，修筑敌台，设立车营，精研战术，多次击退鞑靼侵扰。1583年，戚继光被调往广东，5年后去世。

戚继光在对倭作战中，先后发明了戚氏军刀、狼筅、虎蹲炮等高效武器。其中，戚氏军刀是专门针对倭寇而制造的，它吸收了倭刀的长处，在明军的军刀基础上进行了改良，刀刃弧度加大，刀刃宽度缩小，刀尖上带有一个小小的弧度，虽然刀刃的整体重量减轻了但刀刃的强度并未降低。为克制倭寇手中锋利无比的倭刀，戚继光又发明了狼筅，就是利用常见的毛竹，把老竹烘干后，再在竹尖包上铁头，选身强力壮者持之。《纪效新书》中称："狼筅长一丈五尺，重七斤，有竹、铁两种，附枝必九层、十层，十一层尤妙。"倭寇依仗倭刀锋利，将狼筅枝头一斩而断，却不想竹子被削断后茬口愈加锋利。狼筅枝端茂盛，既有掩护作用，又非常

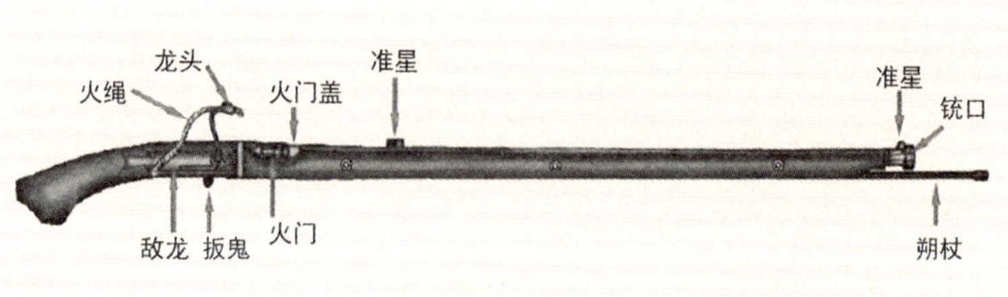

明代鸟铳结构图

具有杀伤力，被称为是攻防兼备的“刺倭利器”。在与倭寇作战时，戚继光发现鸟铳与佛郎机使用起来缺憾极大，鸟铳虽然精准，但杀伤力太弱，而佛郎机虽杀伤力大却又非常笨重，不利于扛行。于是戚继光便发明创造了“虎蹲炮”，因其射击时如同猛虎蹲坐而得名。虎蹲炮因杀伤力大又方便携运，所以被大量制造和配备。

戚继光还留有两部著名的兵书，一是总结在东南沿海平倭战争期间练兵和治军经验的《纪效新书》，一是在蓟镇练兵时撰写的《练兵实纪》。这也是火器与冷兵器并用时代少见的两部具有创见性的兵书，历来为兵家所重。

当然，中国历史上抗敌御侮的爱国将领还有很多，比如，汉代的卫青、霍去病、李广、赵充国、陈汤等，宋代的杨业、杨延昭、宗泽、韩世忠等，明代的于谦、俞大猷、袁崇焕等，明清之际的郑成功等。他们与岳飞、戚继光一样，都在中华民族的历史中闪耀着爱国主义之光。

第四节 运筹帷幄的军师们

提到《水浒传》中梁山的军师，人们多半都会想起一句十分耳熟的歇后语：梁山的军师——吴用（无用）。在中国古代历史和古代文学作品中，经常可以看到军师的身影。

那什么是军师呢？军师这个职位可上溯至战国时期。对军师较早的记载出现在《史记·孙子吴起列传》中："于是忌进孙子于威王，威王问兵法，遂以为师。其后魏伐赵，赵急，请救于齐，齐威王欲将孙膑，膑辞谢曰：'刑余之人，不可。'于是乃以田忌为将，而孙子为师，居辎车中，坐为计谋。"从《史记》的这段记载中可以看出，孙膑平时为"君师"，战时即为"军师"，任务和作用就是"坐为计谋"，即专为主帅出谋划策。因此，在今天的日常生活中，人们常用"军师"一词来指代那些为某人或某个集团出谋划策的人。

在中国古代历史上，军师层出不穷。这类人物，经过中国古代文学作品的塑造，最终形成了一个让人们喜闻乐道的军师群体形象。如《封神演义》中的姜子牙、《孙庞演义》中的孙膑、《西汉演义》中的张良、《三国演义》中的诸葛亮、《隋唐演义》中的徐茂公、《水浒传》中的吴用等。尤其是《三国演义》中的诸葛亮，他头戴纶巾、身穿道服、手摇羽扇的扮相，几乎成了文学中军师的标志性形象。在这些文学形象中，除吴用等少数杜撰人物外，大多是历史中的真实人物，只是多了些不同程度的虚构成分。

姜子牙，姓姜名尚，字子牙，号飞熊，因为先祖被封在吕地，所以又叫吕尚。他是西周的开国元勋，也是商末周初的兵学奠基人，大半生怀才不遇，72 岁时垂钓于渭水之滨，遇到了西伯侯姬昌，也就是后来的周文王，拜为“太师”，尊称为太公望，所以，有时也被称为吕望。周武王即位后，姜尚被尊为“师尚父”，成为周初的军事统帅，辅佐武王消灭商纣，建立周朝，后又辅佐周公旦平定内乱，开疆扩土。据传，著有《太公兵法》，被后世尊为兵家鼻祖、武圣、百家宗师，在唐代时被追封为武成王。同时，他也是后世人眼中的军师鼻祖、千古军师第一人。

孙膑，是战国时期著名军事家，本名不详，因为受过膑刑所以才被称为孙膑。他与庞涓同为鬼谷子王诩的徒弟。庞涓到魏国做官后，因忌其才能，将其骗到魏国，又捏造罪名将他处以膑刑和黥刑，砍去双足，并在脸上刺字。后来孙膑在齐国使者帮助下去了齐国，被齐威王任命为军师，辅佐齐国大将田忌取得了桂陵之战和马陵之战两次著名战役的胜利，奠定了齐国霸业。此外，孙膑还留下了田忌赛马的策略和《孙膑兵法》这部著名兵书。

张良，字子房，与韩信、萧何并称为“汉初三杰”。他凭借出色的智谋，协助汉王刘邦赢得楚汉战争，建立大汉王朝。刘邦评价他说：“夫运筹策帷帐之中，决胜于千里之外，吾不如子房。”

诸葛亮，字孔明，三国时期杰出政治家、军事家，死后被追谥为忠武侯，一生鞠躬尽瘁、死而后已，辅佐刘备建立蜀汉。曾发明木牛流马、孔明灯等，并改造连弩（世称诸葛连弩），其所作八阵图也备受后世推崇。他是中国传统文化中忠臣与智者的典型代表。

徐茂公，是《隋唐演义》中塑造的军师形象，历史原型是徐世勣，字懋功，因战功显著被唐高祖李渊赐姓为李，改名李世勣。唐太宗即位后，为避李世民讳，又改名为李勣。李勣并非谋士，而是唐初著名战将。早年跟从李世民平定四方，后又为唐王朝开疆拓土，在攻打东突厥、高句丽等战争中功勋卓著，被封为英国公，是“凌烟阁二十四功臣”之一。

刘基，字伯温，元末明初政治家、文学家，明代开国元勋。被朱元璋聘为谋士后，曾上书陈述时务十八策，参与谋划平定张士诚、陈友谅与北伐中原等军事大计。明朝建立后，受封为诚意伯，明武宗时被追赠为太师。朱元璋多次称他为“吾之子房”，民间流传有“三分天下诸葛亮，一统江山刘伯温”“前朝军师诸葛亮，后朝军师刘伯温”的说法。

中国古代社会既有孕育军师的土壤，也有对军师的战争需求，加之军师在军事上的谋略运用，远比勇将们的拼杀精彩复杂，所以，中国古代军师广泛受到各种文学作品的推崇和美化。

在文学塑造中，军师往往是智慧的化身。他们所在的知识阶层是中国古代社会的精英，古代的帝王将帅需要这个阶层的支持。政权的获取与维系主要取决于对民心和人才的争夺，有知识的人才因而就成了谋天下者争相拉拢的对象，周文王渭水寻访姜子牙、刘备三顾茅庐等就是这种人才争夺的形象化演绎。同时，中国古代的知识人才也有着强烈的“国师情结”。“学成文武艺，货与帝王家。”“为帝王师”是古代读书人的至高理想，成为国师、帝师、军师，才能施展自己的政治抱负，实现个人的人生价值。军师正是最终成为帝师、国师的关键步骤。而成为军师，靠的正是超人的智慧。在《水浒传》中，梁山首席军师吴用的绰号是“智多星”，突出的正是多智这一军师的共同特点。姜子牙、孙膑、张良、诸葛亮、刘基等著名军师无一例外也都是以多谋善断、智慧超群闻名于世。在“三个臭皮匠，顶个诸葛亮”“你有张良计，我有过墙梯”等俗语中，诸葛亮和张良甚至成了智慧和计谋的代名词。多智成为中国古代军师的共同特点不难理解，因为军师的职责就是为帝王将帅出谋划策，没有超凡的智慧，要在中国古代复杂的政治、军事斗争中决胜千里，是万万不能的。

智慧来源于渊博的学识。在古代小说中，中国古代军师都是饱学之士，无不“上知天文，下晓地理”，三教九流，无所不知，琴棋书画，无所不通。而在战争中，智慧的核心表现则是知兵，能够出谋划策、排兵布阵是军师们必不可少的重要素质和前提条件。所有的军师都必然精通兵法、阵法，无一不是具有高超才能的兵家高手。他们的军事才能首先表现为善于策略。比如刘备在得到诸葛亮辅佐前，东投西靠，几无立锥之地，正是诸葛亮为他定下了三分之策；再比如刘邦与项羽鸿沟划界，本欲收兵西归，若非张良劝止献策，则天下属刘属项亦当别论。军师们除了谋取天下的大策略外，在临阵对敌时，更是奇谋百出。张良用计赚申阳，刘伯温火攻陈友谅等，无不巧计迭出，用兵如神。军师们的军事才能还表现为驭将有方。军师们都有高明的手段制驭桀骜难驯的武将为己所用，使其唯命是从。如张良能够帮助刘邦制驭韩信，令其俯首帖耳；诸葛亮可以让最初轻视自己的关羽和张飞最终佩服得五体投地。

中国古代文学作品为突出军师们的智慧超群、神秘莫测，经常会借助于中国传统文化中的巫术和方术，给军师们披上道家色彩的外衣。熟悉各类奇门道法，成为军师们高超智慧的一个重要体现。如观天象之术，诸葛亮能够预测自己的生死寿数，刘伯温可以发现帝星所在；再如奇门阵图、占卜之术等，都体现了军师们可以通天彻地、能常人之所不能，令人崇仰。

而军师们更大的智慧则是他们高于常人的处世智慧。中国古代文学作品中的军师，基本上都有隐居的经历。姜子牙先隐于洞观，后隐于渭水之滨；张良先隐于江湖，晚年又归隐于黄袍山；孙膑先隐于青溪鬼谷，功成后又辞归故里；诸葛亮曾隐于隆中卧龙岗，刘伯温隐于丹徒。隐居不仅为他们累积能量、蓄势待发创造了条件，也为他们营造了一种世外高人的神秘光环和传奇色彩。在中国传统文化中，大凡隐逸之士，都是与神仙离得最近的人，隐可通神。姜子牙、张良、刘伯温等在传说中都与神仙或异人有过交集，给他们的身上披上了一层神异的色彩。这些军师们最初多是以清高散逸的山中隐士形象出现的，但其研兵习儒之举，却不时流露出一种“以天下为己任”的儒家入世精神和拯世救民、舍我其谁的强烈使命意识。如诸葛亮隐居隆中长达十年，貌似云游道士，但决非消极遁世，而是在仰观天文，俯察地理，读书研兵，审时度势，为一朝出山做准备，所以他每以管仲、乐毅自比。再如姜子牙，怀抱经纶，隐居钓溪，不钓鱼鳖，独钓王侯；张良藏身于下邳，圯桥遇仙后，娴习兵书，等待时机，欲为帝王之师；刘伯温隐居红罗山，读《春秋》，习兵书，只为有朝一日能辅贤君而救生民。他们都身在山林之中，心系天下苍生，并非“苟全性命于乱世”，而是时刻想着“了却君王天下事，赢得生前身后名”。这种隐是待机而隐，是一种充满智慧的抉择，为成就功业，不轻易出动，待时机成熟出动后，就会一往无前。

但军师们的超人智慧，还不止于入世前的隐，更大的智慧则是功成后的隐。如孙膑晚年辞官回归故里，著书立说；张良辅佐汉高祖刘邦平定天下后飘然归隐，云游四海；刘伯温功成受封后还归家乡，少问政事。如果说军师们最初的隐居，是因为时机未到，未遇明主，因而才躬耕陇亩以躲避乱世，已是一种大智慧的表现，那么等到他们凭借自己的本领建功立业，实现了个人价值和社会价值后，最终仍然选择归隐则意味着一种更大的智慧。功成身退，不为俗世名利所羁，同时又远离了权力中心的斗争，正是中华民族传统文化中经常宣扬的明哲保身思想。这种由隐居到出山入世再到归隐的模式，反映的是一种知行知止的做人智慧。人们羡慕这些智者能够因时而动，把握时机做出大事，很好地实现人生价值，更加敬佩他们能够以超然的态度对待功名，及时放手，不贪恋权力名禄等身外之物，真正做到了全身养性。

在《西汉演义》中，张良把这种明哲保身的思想论述得非常透彻：“世之贪富贵者，乐功名之既成，喜荣华之眩目，坐享崇高，一呼百诺，妻妾满前，笙簧盈耳，遂谓平生之志，此为极矣！岂知位极人臣，天下所忌。处高未有不危，处满未有不溢。君疑其权重，天恶其太盈，投间抵隙者，得以用其心，起谤生馋者，得以乘其弊。一旦天颜动怒，众口交攻，无计可挽，无地可逃，身既就戮，妻子为奴，富贵荣华，转眼皆空矣。岂如我今日静观云水，笑傲江湖，醉里乾坤，壶中日月，独居一室，万虑沉消，虽处寂寥之滨，而胸中快乐，虽甘藜藿之食，而物外逍遥。宠辱不惊，无关利害，闲来养老氏之玄虚，静时观万物之自得，足以保身惜命，以乐天年。”这实际上也是后世对专制统治者“只可同患难，不可共享乐”，以及“功高震主，君疑臣忌”“鸟尽弓藏，兔死狗烹”等残忍政治本质的深刻认识，真切地反映了许多古代士大夫文人对于“仕”和“隐”的认识和追求。

第五节　战神与武圣

“国之大事，在祀与戎”，在古人眼中，祭祀与战争，同为国家大事。祭祀，不仅在国家层面，而且在国家之下的不同社会阶层和社会团体中，也同样是日常生活的重要组成部分。祭祀，不仅要祭祖，还要祭神。不同职业有不同职业的主神。农民有谷神，有雨神，有土地神；猎人有山神，有兽神；渔民有河神，有江神，有海神……同样，兵将也有战神。

中国古代最早的战神是蚩尤。据张守节在《史记正义》中引用《龙鱼河图》中的话说：“蚩尤没后，天下复扰乱，黄帝遂画蚩尤形象以威天下，天下咸谓蚩尤不死，八方万邦皆为弭服。”黄帝在涿鹿之战中擒杀蚩尤之后，天下又发生了动乱，于是黄帝就画了蚩尤的像来威镇天下，天下人都认为蚩尤没有死，各地就都平息臣服了。《太白阴经》中说：“神农以石为兵，黄帝以玉为兵，蚩尤乃烁金为兵，割革为甲，始制五兵。”蚩尤一改神农以石块做兵器和黄帝以玉、石做兵器的做法，改用金属做兵器，还用皮革做护甲，最先创造出五种兵器，因此可谓是金属兵器的始祖。据传他“铜头铁额”“威镇天下”，黄帝与之“九战九不胜”，后来在天女“魃”的帮助下才得以获胜。蚩尤深具军事才能，又作战勇猛，加之黄帝都在借助他的画像来威服天下，因此在后世就逐渐成了战神。在春秋战国时，军队进行训练或出征前，都习惯于祭祀蚩尤，“祷气势之增倍也”，希望军队的气势倍增。从秦代起，蚩尤更是连帝王们都要祭祀的战神。《史记·封禅书》记载，秦始皇统一天下后的第三年，巡行到齐地，祭祀名山大川及八神，八神中排在“天主”“地主”之后第三位的“兵主”正是蚩尤。《汉书·郊祀志》中也说，汉高祖刘邦初起兵，“为沛公，则祀蚩尤，衅鼓旗”；称帝后，又下令“立蚩尤之祠于长安”。南北朝时期，据《南史·梁本纪·武帝纪下》记载，太清二年（548年）十一月，叛将侯景逼近都城，梁武帝急急忙忙“刑白马，祀蚩尤于太极殿前”，希望战神保佑己方战争胜利。又据《宋史·礼志·军礼》记载，甚至到了宋代，在国家已设有武庙的前提下，宋太宗赵光义在“征河东，出京前一日”，仍然还在“用少牢祭蚩尤”。

蚩尤虽然因勇猛可以封神，然而他毕竟是个“作乱者”，无法封圣。所以，唐代在为了与被封为文宣王的孔圣人相配推出武圣人的时候，只能另选将帅，最后封姜太公吕尚为武成王，使之高居武圣之位。

姜太公不仅辅佐了周文王、周武王灭商建周，而且在布阵阅操和沙场交战时，也总是亲自指挥，以身犯险，可谓智勇双全。而且，唐初的李靖等人认为，姜太公的兵法经管仲、孙武的传承，到张良的实践应用，构成了正宗的兵法体系，姜太公是无可替代的兵家鼻祖。因而，在唐代人的观念之中，武圣非姜太公莫属。此后，武庙不仅是武圣接受国家级祭祀之所，还是国家兴办武学、培养武科人才之处，宋代的武学也都建在武庙之中或者武庙之侧。

姜太公作为武圣接受国家级祭祀，在中国古代一直延续了 600 多年。明代洪武二十一年（1388 年），朱元璋下令革去他的武成王称号，罢除武庙，把姜太公推下了武圣的神坛。这是什么原因呢？《明太祖实录》中称，朱元璋认为，“太公周之臣，封诸侯。若以王祀之，则与周天子并矣”。姜太公本来是周代的大臣，如果尊为武成王，就与周文王、周武工并列了，有违君臣伦理。有大臣认为，通过武庙可以立武学，朱元璋回复：“是析文武为二途”，“古之学者，文武兼备”。这些实际上只是朱元璋的借口，因为罢除武圣的前一年，即洪武二十年（1387 年），朱元璋刚刚完成天下的基本统一，为了巩固政权，他已开始要削除那些开国功臣们的实权了，所以要强调君臣地位问题，降低战将荣誉，要偃武修文。但由于军队的存在，军队中仍要崇尚武神，在军事行动前要祭拜，在作战中要祈神保佑，废除了姜太公的武圣地位后，要求助于哪位尊神呢？不得已，明王朝只能在民间信仰中另寻战神。他们的选择是关羽。

在民间信仰中，为著名战将立祠建庙者并不少见，而且大多具有一定的地域性。从汉唐时期起，在咸阳附近就有为战国名将白起建的祠，在广西多地有为汉代将军马援建的伏波庙，在江淮和蜀地等有为三国名将邓艾建的邓公祠；而对于关羽，早在南北朝时就在荆州当阳的玉泉寺附近建有关羽庙。这些名将的祠庙，不仅当地的军政官员祭祀，而且当地民间对祭拜更为重视。这些被立祠建庙的名将们有一个共同点：他们都作战英勇却含恨而死。古人认为，这类人死后容易变成厉鬼恶神，为避免厉鬼恶神将生前怨恨迁怒人间，最好将其供起来，这叫“祀厉”。但随着时间的推移，民间会因为他们的英勇事迹和守卫水土的战功，逐渐将他们视为保护一方、维护正义、平乱驱害的善灵正神，“祀厉”也就演化成了“祀正”。民间的信仰和推崇，无疑也会推动朝廷的认同，上述名将在唐宋时期都获得了武庙中的从祀资格。北宋末年起，皇帝对民间神灵的赐封行为开始频繁，关羽也在大观二年（1108 年）被宋徽宗首次封王，封为“武安王”；宣和五年（1123 年）又被加封为“义勇武安王”。到了南宋，先是宋高宗赵构加封其为“壮缪义勇武安王”，随后宋孝宗加封其为“壮缪义勇武安英济王”。进入元代，元文宗于天历元年（1328 年）赐封关羽为“显灵义勇武安英济王”。但这并不代表着关羽受到至高的推崇，因为在此前，至治二年（1322 年），诸葛亮已获封“威烈忠武显灵仁济王”。在关羽受封之后的至元六年（1340 年），张飞也获封为“忠显英烈灵惠助顺王”。

关羽的地位在明代得以迅速提升，在很大程度上是得益于宋元时期戏曲、小说、讲史等兴起的大众通俗文化。其中，各种掺杂了传说和神话甚至完全是虚构的三国故事逐渐将关羽的形象突显出来，将其打造成了一位智勇双全、忠义无双的名将，同时也是法力无边、救国救民的神灵。

因此，洪武二十七年（1394 年），明王朝在南京鸡鸣山建立汉寿亭侯关羽庙，列入国家级祀典的“十庙”之一。这虽然远远不是历史上的第一座关羽庙，但它是第一座由中央朝廷在都城新建的关羽庙，也就是说，关羽在国家级祭祀的层面上，由前朝几代在武庙中的从祀地位变成在明代的专祀地位，标志着关羽由此正式走上了战神和武圣之路。

继明初在“十庙”中设置汉寿亭侯关羽庙之后，明武宗又于正德四年（1509 年）下令将全国的关羽庙全部改称“忠武庙”。张居正改革被废除后，明代的内外矛盾日益突出，为加大忠君思想宣传，关羽的地位被进一步提高。明神宗于万历十年（1582 年）褒封关羽为“协天大帝”，关羽的地位直接由“侯”跃升为“帝”；万历十八年（1590 年），再次加封关羽为“协天护国忠义大帝”；万历四十二年（1614 年），明神宗第三次对关羽加封，改为“三界伏魔大帝”“神威远镇天尊”“关圣帝君”，关羽由“帝”而称“尊”封“圣”，正式成为武圣。为彰显关羽“关圣帝君”的尊号地位，明神宗还封关羽的夫人为皇后，关平为竭忠王，关兴为显忠王，周仓为威灵惠勇公，并封赐南宋末年以身殉国的陆秀夫和张世杰分别为关圣帝君的左、右丞相。

关羽在明代获得的武圣地位，到了清代得到进一步推崇。因为清太祖努尔哈赤和清太宗皇太极都喜读《三国演义》，并借鉴其中的谋略。据传努尔哈赤最初被明军击败，重夺建州时曾得到关公显灵助战，当即就在建州西郊建立了关帝庙。皇太极初次定都盛京（今辽宁沈阳）时，也为关公建庙，并赐额“义高千古”。从此，关羽就成了清代皇家的护国神和战神。顺治帝在 1652 年加封关羽为“忠义神武关圣大帝”。康熙帝在 1666 年敕封洛阳关帝陵为“忠义神武关圣大帝林”，简称“关林”。“关林”的名称一直沿用至今。1768 年，乾隆帝在顺治帝的封号中加封“灵佑”二字。此后，经过嘉庆、咸丰、慈禧太后等的不断加封，到光绪五年（1879 年），关公所获的封号已长达 26 个字——忠义神武灵佑仁勇威显护国保民精诚绥靖翊赞宣德关圣大帝，可谓旷古未有。由于朝廷对关公的尊崇都已登峰造极，民间的建庙、祭祀和崇信更是无以复加，在中华文明中形成了深厚的关公信仰和关公文化，至今不衰。

民间传说，关羽身在曹营时，曹操经常送他贵重财物。后来关羽得知刘备下落离开时，除留下曹操赏赐的财物，还有一本分别记着原有、收入、支出、存余四个项目的账簿。后世商人很推崇这种简明记帐法，并视关羽为财会创始人，进而奉之为财神，也称武财神。这就是今天仍有很多商家店铺供奉关羽的源起。

第五章

兵器装备

在中国古文字中，“兵”字的本意就是“兵器”。《说文解字》上说：“兵，械也。从二十持斤，并力之貌。”“兵”字上面是个“斤”字，指的是类似于斧子的工具，下面原本是两个“十”字，也就是两只合力举起的手，因此，“兵”的意思就是“器械”，多指作战用的器械，也就是兵器。后来，又由兵器的意义引申出持兵器的人，“兵”字才具有“士兵”或“军队”的意思。

兵器是一种特殊的工具，其作用是在武装力量对抗的战争中，用来保护自己或伤亡敌人。兵器的产生和使用，总是从进攻和防护两个方向双轨进行的。因此，兵器可分为进攻性兵器和防护性兵器。在古代，进攻性兵器按其可发挥效能的范围，又分为三大类：隔着一定距离、靠弹射或投击力量创伤敌人的兵器，称为远射程兵器，如箭、炮等；带长杆的可手持进行白刃格斗的兵器，称为长兵器，如矛、戈等；用以在近距离护体御敌的兵器称作短兵器，如剑、匕首等。防护性兵器可分为个人用的护体装备，如铠甲、盾牌等，以及集体用的守城器具，如拒马、云梯等。

人类的文明一直未能完全走出以战争来解决矛盾的阶段。因而，先进的科技往往不是首先用来为人类谋幸福，而是首先应用在战争上，甚至是围绕着军事上的需要而产生、发展的。先进的材料、先进的工艺大多首先被用于兵器制造方面。因此，兵器也可以比较集中、比较突出地反映出不同时代先进的科技水平。例如铜出现以后，除用来制造礼器外，就较多地用来制造兵器。反过来看，军事上的需要也刺激了科学技术的发展。

无论古今中外，人们都把火药用于兵器制作作为兵器发展史中决定性的阶段划分标志。在火药发明以前，战争使用的兵器称为冷兵器。火药发明以后，利用火药制作的兵器，就是火器，也称热兵器。在中国古代，火器的广泛应用出现于北宋时代。

但在中国传统文化之中，人们对于冷兵器的热爱远远超过火器。虽然以三国时期为背景的《三国演义》，甚至以商周时期为背景的《封神演义》里，就经常出现不可能出现的“三声炮响”，但炮却几乎从未用于这些小说中的正式作战。

甚至到了以明代为背景的演义小说中，火器仍然很少露面。这不仅仅是由于中国兵器在火器时代的逐渐落后，而且更主要的，是因为中国传统观念更喜欢刀来剑往的实力对决，而鄙视火器这种近似于暗器的取巧兵器。

第一节　冷兵器发展的三个阶段

兵器，与生产工具一样，都是生产力发展水平的标志，同时也要适应不同战争环境的需要。《隋唐演义》中的宇文成都，号称大隋第二条好汉，“使一柄凤翅镏金镋，重三百二十斤”。且不说这重量，只说镋这种兵器，是无论如何也不会出现在隋唐时期的。它是明代抗击倭寇时创制的，《武备志》中就说：“此器自有倭时始用”“乃军中最利者”。镋实际上是枪与耙的组合，耙那部分，是距敌尚远时，作为发射架燃放火箭的，待敌近时，又与枪那部分一起，成为近身格斗的利器。若宇文成都在隋末时就使用这样一种武器，恐怕其装饰性要大于实用性了。

从兵器的发展历史来看，冷兵器是随着科技的进步逐渐改进的，因此必然要经过石兵器、铜兵器到铁兵器这一由低到高的历史发展过程。

人类的石器时代，既是兵器的萌牙和诞生时代，也是石兵器在兵器中占据统治地位的时代。在石兵器阶段，同时也存在着木、竹、骨、角等材质的兵器，但由于石兵器质地最硬，也最能代表当时的生产力发展水平，因此，石兵器是这一时期的最主要兵器。石器作为生产工具所具备的基本特征是：有尖或有刃（有的尖、刃并存），有一定重量。这一基本特征，恰恰也是冷兵器的基本要求。所以，除在生产中使用外，有些石器在发生冲突争斗时就可以兼用作械斗工具。人们在从种类众多的生产工具中选择械斗工具时，优先选用的必然是那些利于格杀的工具。这一选择的过程也是人们对于格杀械斗工具的认识和熟悉过程，并随着冲突争斗的日益频繁，根据格杀械斗的需要对原本的生产工具进行改造，使其更加适用，从而通过选择和改进生产工具，推动着兵器这一特殊工具的形成与发展。

到原始社会后期，也就是新石器时代的晚期，冲突争斗逐渐受政治因素所支配，阶级和国家正在形成，战争变得频繁。正是战争的需要，使得用于格杀的械斗工具与用于劳动的生产工具逐渐区别开来，并开始出现专门用于格杀械斗的工具。于是，兵器正式形成，并开始了其独立于生产工具之外的发展进程。根据考古发现，在石器时代已出现的兵器有石铲、石斧、石钺、石刀、石矛、石锥、石箭镞等，甚至还有可以抛发石弹的“飞石索”。不仅种类较多，而且大多磨制精良，平泽锐利。

考古还发现，在新石器时代晚期，中国就已出现了青铜小刀，只是这时的青铜还没有被普遍使用。最早从夏代开始，中国才开始进入青铜时代，历经商代、西周、春秋这段青铜兵器极盛时期，到战国时走向衰落，前后延续了大约2000年。

青铜的出现，可能与古人的制陶工艺有关。烧制细致精美的彩陶，需要1000度左右的高温。这个温度已相当于青铜的熔点。青铜是一种合金，需要纯铜与锡、铅按照一定的比例才能冶炼出来。那它为什么会比单一的铁出现得还要早呢？因为在自然界中，铜是有天然的纯矿石的，如孔雀石，只要用木炭加热到1000度以上，就能炼出铜来，而且在冶铸青铜时，合金中随着含锡量的增加，熔点也会随之降低，而硬度却相应增加。但是铁矿，除了极少的天然陨铁之外，其他所有的铁矿都是和别的元素化合着的混合矿物，而且中国大陆上以贫铁矿居多，含有大量杂质，提纯非常难。此外，熔炼铁还需要1500度以上的高温，在没有发明鼓风设备之前，仅凭木炭很难加热到这一温度。再有呢，到商代时，中国的青铜冶炼技术已处于高度发达时期，可以通过对铜、锡、铅的不同比例控制，制造出不同的器物，因此，对铁器的需求也没有那么紧迫。西周时期，青铜器的生产规模进一步扩大，在各地的主要城市里都设有青铜兵器作坊。到了春秋时代，由于战争的需要，中国的青铜兵器发展到了鼎盛阶段，兵器的形制、数量和质量等方面都有提高和改进。成书于这一时期的《考工记》中，已详细记载了冶铸不同青铜器物的合金成分配比，其中一半是兵器；对冶铸过程中不同工种的具体职责和技术操作规程，不同兵器的材料选择、尺寸大小、形制规格、结构样式等也有明确规定。这说明，春秋时期的青铜兵器制作，已进入了标准化和制式化阶段。到战国时代，虽然已开始生产并使用铁兵器，但由于加工铁制兵器比加工青铜兵器的工艺技术复杂，各国军队装备的兵器还是以青铜兵器为主，甚至到了秦统一六国后到汉初的前六七十年间，青铜兵器也仍然在与铁兵器并用着。

在商代、西周、春秋的青铜兵器盛行时期，作战方式也因青铜技术的成熟而改变。青铜这种金属工具的出现和发展，同时也促进了木工加工技术的提高。青铜与木材的接合，增加了各种器具的坚固性与灵活性，加之当时主要是在黄河和长江中下游地区的广阔平原作战的环境需要，战车迅速成为当时最重要的作战装备，车战在商周时期自然就取代了徒步格斗。而为了适应车战，长柄的青铜戈、戟和矛等成为主要兵器，并不断得到改进。但随着战国时期冶铁技术的逐渐成熟，中国的冷兵器开始迈向了钢铁时代。

中国早在商代中期，就出现了铁刃铜钺，但所用的铁是天然的陨铁。此时的铁刃铜钺是将陨铁锻打成锋利的刃后，再与青铜钺的主体部分浇铸在一起而制成的。考古还发现，在西周晚期，即公元前 8 世纪，中国已出现了人造的铁器，但铁还没有得到充分的重视。根据《国语·齐语》记载，在春秋时期，青铜被称为“美金”，主要用来造兵器，而“铁”被称为“恶金”，只能用来造农具。到了战国时期，各诸侯国的冶铁业迅速地发展起来，纷纷设立起冶铁基地，并委任有“工师”“冶尹”等专门的官员进行管理，大量制造铁制兵器，装备军队。

铁从只配造农具的“恶金”到成为制造兵器的首选材料，并非只是人们观念的改变那么简单，而是由中国冶铁技术的发展决定的。据《吴越春秋》称，当时冶铁已使用一种多管的大囊橐作为鼓风设备，冶炼时需要出动 300 人来装炭和鼓风。这无疑极大地提高了冶炼温度。人类的炼铁技术，一般都要经过从生铁、熟铁到钢铁的发展过程。生铁又叫铸铁，含碳素过多，质地坚硬，但脆而易断，所以仍不适于制造兵器，只能用来造农具。熟铁也叫块炼铁，含碳素少，质地柔软，不能制造需要相当硬度的兵器。只有进入钢铁阶段，铁器才真正适合用来制造兵器。春秋末到战国时期，古人已逐渐掌握了渗碳钢的冶炼法，各种钢铁兵器也就应运而生了。战国末期时的钢铁兵器多是用块炼铁固态渗碳钢锻制而成的，经过淬火处理，其坚韧锋利的程度已远远超过了青铜兵器。到秦汉时期，中国的冶铁和钢铁铸造技术获得进一步发展，淬火、退火、铸铁脱碳等工艺得到普遍推广，钢铁兵器制造技术和质量都得到了空前的提高。

西汉时，长安城内专门建有兵器库，存放的大多为铁制的刀、剑、矛、戟、战斧和箭镞等，也有少部分青铜兵器。这一时期，青铜兵器几乎都有了铁制替代品。此后，随着中国骑兵的地位日益重要，用钢铁制造的马上兵器和盔甲逐渐普及，青铜兵器退出战场，中国冷兵器全面进入了钢铁时代。

东汉时期，在冶铁技术中出现了“水排”，用水力代替以前人力、马力的鼓风方法，费力少而功效大；在燃料上也开始使用煤，钢铁的质量进一步提升。兵器制造中出现了百炼钢的锻造方法，就是将含碳量高的钢料，反复折叠锻打。折叠锻打 30 次，叫做三十炼钢；折叠锻打 50 次，叫做五十炼钢；折叠锻打 100 次才能称为百炼钢。“百炼成钢”的成语，就是由此而来的。东晋时又出现了横法钢，用这种锻造方法制成的刀剑，锋利无比。南朝时期还出现了将生铁和熟铁放在一起合炼的炼钢法，进一步促进了钢的产量的提高。因此，到了唐代时，中国的钢铁兵器已达到了成熟阶段。唐

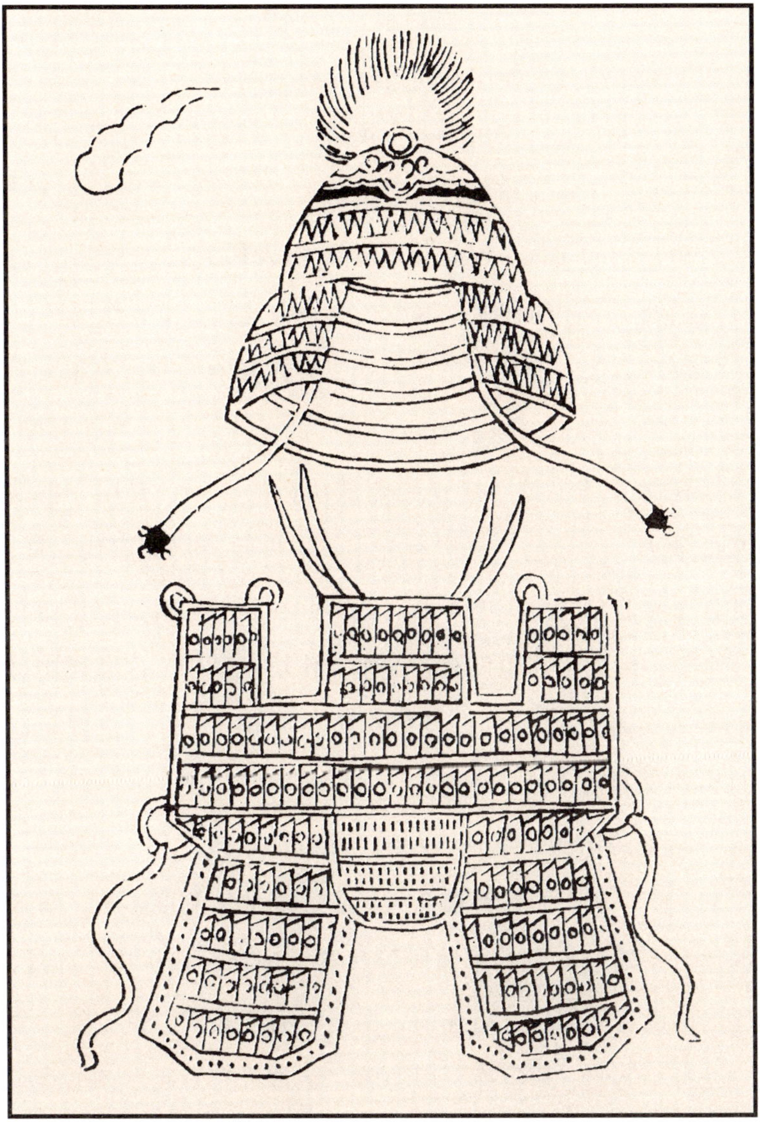

《武经总要》中的盔甲

代中央政府专门设立了军器监，不仅负责掌管兵器的制造，还负责颁布制造和使用不同兵器的统一标准和制式。

从北宋开始，中国兵器发展进入了新的历史时期、由于火药开始应用于军事以及火器的创制和发展，冷兵器进入了与火器并用的时代。但这并不意味着冷兵器时代的终结，冷兵器仍处于钢铁时代，并继续在战争中发挥着重要作用。

宋代不仅农业和手工业发达，采矿和冶炼业也有很大的发展。宋仁宗至宋神宗期间，铁矿的年产量已达 724 万斤。沈括在《梦溪笔谈》中说磁州锻坊造的纯钢，要用“精铁炼百余火”，颜色“青黑有光”。中央政府仍如唐代一样，设有军器监总管全国的军器制造，并在京城设有南北作坊和弓弩院；地方诸州也设有各类军器作坊。其中，南北作坊每年要造兵器 1650 万件，各州作坊要造 610 万件。京城所造的兵器保存在 5 所大仓库里。景德四年（1007 年）时，京城中储备的器械已够用 30 年，可惜在靖康元年（1126 年）汴京失陷，所有军械都被金人掳走。受北宋制度影响，南宋也建有军器监、御前军器所等兵器管理和制造机构。此外，辽国也设有军器坊、将作监，西夏设有工技院、铁工院，金国设有军器监、军器库、甲坊署，蒙古设有寿武库、军器库等相应的兵器制造和管理机构。宋辽夏金元时期由于交战频繁，仍是钢铁兵器繁盛的时代。

到了明代，因为火器的大量发展，钢铁兵器的地位开始明显下降，但在兵器品种的增加和质量的提高等方面，仍有相当大的进展，甚至还出现了新的冷兵器，如镋钯、马叉和狼筅等。自嘉靖朝以后，钢铁兵器与火器在各军队装备的兵器中到了大致各居一半的程度。

清代是以弓马骑射起家的朝代，因而对冷兵器一向重视。在《清会典》中，冷兵器被分为甲胄、弓矢、刀斧、矛戟、椎挺、蒙盾等六大类，但这些兵器大多沿袭明代。本来清初的八旗兵是长于骑射的，但随着鸟枪等火器的发展，以及八旗兵逐渐腐化，能拉动强弓的人越来越少，弓箭也不再是清兵的强项了。清廷问鼎中原后，曾设“鞍楼”，负责管理和制造兵器。顺治十一年（1654 年）将其改为兵仗局，顺治十八年（1661 年）又改为武备院。雍正时期，朝廷甚至要求大力铸造冷兵器。虽然新制的冷兵器比前代有所改进，但随着火器的不断普及，到 19 世纪中叶，冷兵器逐渐由没落走向消亡。进入近代，中国已迈向了全面火器时代。特别是到辛亥革命以后，西式步枪成为军队的最基本装备，冷兵器彻底退出了历史舞台。虽然此后的部分军队中仍然装备有冷兵器，但这时的冷兵器只能用于进行最基本的个体防护时的白刃格斗，已不再是正规军队的标准装备。

冷兵器在中国经过数千年的漫长发展历程，不仅影响和决定着战争的形态和样式，同时也反映着不同时期的科技和生产力发展水平。兵器的产生和发展总是与当时社会的政治、经济、军事、文化等密切联系着的，并在一定程度上体现着不同的民族风貌和文化特征。

第二节　从五兵到十八般兵器

兵器在不断发展过程中，时代不同、地区不同，军队常用的兵器会有差别，相同兵器的名称也可能不同，而且相同种类的冷兵器之间的形状、尺寸、材料、重量也可能不同，有时还会出现根据个人体质及喜爱而定制的独有兵器。同时，在长期的中外交流中，也不断会传入一些外国的新奇兵器。这就使得中国古代的冷兵器丰富多样，千差万别。宋代曾公亮、丁度等人编著的《武经总要》中，记录了北宋军队使用的兵器装备共计有100余种，而在明代茅元仪所著的《武备志》中，包括战车舰船在内，各式兵器装备已达600余种了。当代有人根据古今书籍等资料进行整理，仅统计具有明确名称的各式冷兵器就有400多种，其中刀类65种、枪类49种、剑类84种、棍类10种、棒类13种、锤类14种、弓弩类52种、箭类44种、抓和挝类14种、鞭类12种、斧和钺类 11 种、戟类 13 种、槊类 6 种、镋类 6 种、叉类 4 种、拐类 5 种、钻类 4 种，其他包括镖、套、竿、铲、锏、杖等 24 种。冷兵器如此五花八门，也是它在漫长的发展历史中不断丰富和积累的结果。

春秋战国到秦汉时期，人们把最常用的冷兵器称为“五兵”，有时也称为“五戎”或“五刃”，具体所指并不是非常确定。春秋战国时的“五兵”指的是戈、殳、戟、酋矛

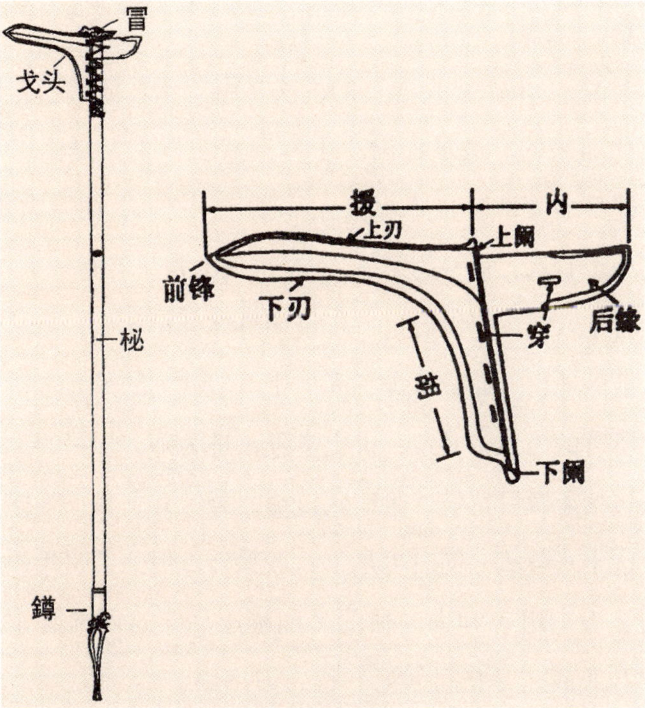

戈的结构示意图

（短矛）、夷矛（长矛），但也有人认为是戈、殳、戟、酋矛和弓矢。到了汉代，“五兵”是指弓弩、戟、楯（盾）、刀剑、甲铠，也有人认为是指矛、戟、钺、楯、弓。但随着兵器种类的不断增多，到了宋代以后，“五兵”这个概念连最基本、最常用的兵器都概括不全了，于是开始出现了“十八般兵器”的说法，特别是明清小说兴起后，几乎每一部历史演义中的名将主角都要达到“十八般兵器样样精通”的水准。但是，具体到这“十八般兵器”到底指的是哪十八般兵器，就说法不一了。

据说，“十八般兵器”的说法是由“十八般武艺”的提法演化而来的。最早提出“十八般武艺”的，是南宋华岳编著的兵书《翠微北征录》：“军器三十有六，而弓为其首；武艺一十有八，而弓为第一。”这里说的是兵器有三十六种，武艺有十八般，但没有进一步说明具体都是什么，只是强调了弓箭的地位。而最早详细列出十八般武艺的是元末明初施耐庵所著的《水浒传》，讲史进拜王进为师，学习的十八般武艺包括矛锤弓弩铳，鞭锏剑链挝，斧钺并戈戟，牌棒与枪杈。这十八般武艺同时也是十八般兵器。但到了明代，谢肇淛的《五杂俎》和朱国祯的《涌幢小品》这两部著作，都称十八般武艺是指弓、弩、枪、刀、剑、矛、盾、斧、钺、戟、鞭、锏、挝、殳、叉、钯头、绵绳套索、白打。“白打”就是徒手技击，很明显，并不是兵器。而清代著有《隋唐演义》的褚人获在他的《坚瓠集》中认为，十八般兵器为：矛锤弓弩铳，鞭锏剑镰钩，斧钺并戈戟，牌棒与枪杷。与《水浒传》中的提法很接近。不过，晚清小说中更常出现的“十八般兵器”提法是：刀枪剑戟，斧钺钩叉，镋棍槊棒，鞭锏锤抓，拐子流星。这种说法在民间也比较流行。但严格说来，几乎所有关于“十八般兵器”的提法都不合乎事实，只能看作是一种军事文化。因为这些兵器不可能同时出现，戈、斧、戟之类的兵器在秦汉以后基本退出了战场，而且棍与棒、斧与钺、枪与矛之间的区别并不大，大体上属于同一种兵器。因而，“十八般兵器”只是军事文化领域内对中国古代冷兵器的一种总称，并非军事术语。要真正了解冷兵器，还应该从兵器发展史的角度去看待它们。

中国历史上的冷兵器，依据其用途来区分，可分为攻击性兵器和防护性兵器两大类。防护性兵器主要包括盾牌和盔甲等，而攻击性兵器又可分为长兵器、短兵器和远射兵器等三类。

长兵器是较长的手持格斗兵器的统称，多用双手操持。古代长兵器的长度标准，一般要超过正常身高成年男子的眉际。

在长兵器中，戈是中国古代史上曾经辉煌过数代的独特兵器，因其可勾可啄，所以又被称为勾兵或啄兵。它起源于原始社会时期，在石兵器时代就有了石戈。进入青铜时代后，戈一跃成为从商周到春秋时期的主要格斗兵器，在车战中被普遍使用。戈不仅在中国兵器中曾占据重要位置，在中华语言文化中也影响甚广，“戈”字作为兵器的泛指和战事的象征，出现在很多汉字之中，“临阵倒戈”“兵戈相见”等含“戈”字的成语也俯拾皆是。但戈的辉煌没能在钢铁时代继续。到了战国时期，由于比戈更有杀伤力的戟兴起，戈就逐渐退出了战场，到汉代以后，基本绝迹。

矛，是中国历史上存在时间最长的长兵器之一。原始社会时就有石矛，后来取代它的枪，也是矛的变形和发展。最初它只是一种渔猎工具，用尖形的石块或骨角作为矛头，绑在木棍或竹竿上。进入青铜时代，矛成为一种常用的兵器。周代时将矛分为两种：一种是车兵使用的夷矛，较长，柄长二丈四尺；一种是步兵使用的酋矛，略短，柄长二丈。战国以后，铁矛逐渐取代了铜矛。汉代以后，矛的形制增多，变化也较为明显：有的柄长一丈八尺；有的柄长只有八尺；还有的更短，叫做手矛；还有的在柄的两端都有矛头，叫做两头矛。如《三国志》中就记载，张飞的矛“长丈八”，公孙瓒的矛“两头施刃”。到两晋至隋唐这一时期，矛长丈八，用于马上，就叫“马矟”。矟，也写作“槊”。曹操横槊赋诗，横的实际上就是丈八长矛。《旧唐书》载，程咬金“善用马稍”，用的兵器也是丈八长矛，而非小说中的板斧。从晋代起，由于枪开始兴起，矛已逐渐衰落，后世虽然仍有矛，但已不是国家级的常备兵器了。矛与枪相比，矛的刃部是锐长的，而枪头是短而尖的，因此，枪比矛更加轻便和锋利，在对付不断改良的甲胄护具时，更具优势。所以自唐代以后，枪转而成了军队的主要兵器，一直盛行。甚至火器兴起后，手持火器也因而以“枪”命名。

戈之所以在战国时期开始逐渐被戟所取代，是因为戟不仅可以像戈一样勾啄，还可以像矛一样冲刺。戟本身就是戈和矛的合体，从“戟”字的字形上就可以看出来。商代时，已开始有将戈和矛联装在一个木柄上的做法，这就是戟的雏形。最晚在西周时，铸成一体的青铜戟已然出现，但未能普及。直到进入钢铁时代，从战国时期起，戟一举取代戈而成为军队中的主要兵器。《史记》中记载，项羽作战时就是“披甲持戟”。东汉三国两晋时，戟仍然盛行，据《三国志》记载，张辽曾“披甲持戟”战孙权，孙权退到一处高地“以长戟自守”；典韦“好持大双戟与长刀等”“一双戟八十斤”。但到了南北朝以后，由于甲胄日益精良，抗穿透力不断增强，戟丧失优势，与矛一样，逐渐被穿透力更强的枪所代替。到唐代以后，戟完全被从兵器中淘汰。到宋代时已化为木戟，仅作为仪仗、卫门的象征性器物了。

历史悠久的长兵器还有殳、斧钺、长刀等。殳，就是棍棒，也称杵、杖、梧等。《尚书》称，牧野之战时“血流漂杵”。因为它是木制的，所以可以漂起来。战国时期开始出现铁制殳，也叫铁杖或铁梧。唐代以后发展为棍棒，到清代时仍在使用。明代名将戚继光在练兵时专门编印有《棍法口诀》。殳也作为仪仗使用，称“礼殳”。汉代出现的皇宫官员“执金吾”，也是得名于殳。金吾，就是棒，铜制，用黄金涂两端，称为金吾。后来，殳又发展为法律的象征，以杖之名成为刑具，从隋代起，杖刑就被定为五刑之一，一直沿用到清代。斧钺也是自石器时代就有的古老兵器，斧与钺的区别并不明显，一般认为，钺比斧大。在青铜时代，因其杀伤力不如戈矛，自商周时起，多为军权的象征或杀人执法的工具。进入钢铁时代，斧的砍杀能力有所提高，三国时，诸葛亮曾督造过数百把战斧，并写有《作斧教》一文。唐代起，斧被列为常备兵器之一。唐代名将李嗣业在香积寺之战中，曾令步兵持长斧与陌刀，战败过安禄山的骑兵。直到清代，军队中都一直装备有长斧。长刀，是由短柄刀发展而来的，出现在东汉以后。《三国志》中有典韦好持长刀的描述，成为关于长刀记载的最早文献，但并没有关羽使长刀的记载。偃月刀最早出现在宋代的《武经总要》里，但因太重，主要用于练臂力，并不用于实战。从《三国志》里关羽“策马刺（颜）良于万众之中，斩其首还”的记载来看，他使用的很可能是当时最流行的马矟，也就是丈八长矛。长刀在晋时又称为大刀，《晋书》中称陈安“左手挥七尺大刀”。到隋唐时期，大刀发展为陌刀，这种刀两面有刃，全长一丈，重十五斤，并成为唐代的常备兵器之一。《新唐书》中载，李嗣业用陌刀“尤善，每战必为先锋，所向摧北”。到明清时代，长刀虽仍存在，但使用越来越少。

短兵器，一般是指长度不超过正常身高成年男子的眉际，分量较轻，使用时经常单手握持的兵器。冷兵器中最常见的短兵器是刀和剑。刀在中国起源很早，石器时代有石刀，青铜时代早期就有青铜小刀了，但早期的刀更多的是一种生产工具，从商代到秦代都没有发现刀作为兵器大批量装备军队的情况。从西汉时出现又直又窄的“环首刀”开始，随着钢铁冶炼和兵器制造技术的提高，刀才逐渐被大量装备，并在东汉末年彻底取代长剑，一直沿用到三国两晋以后。东晋晚期，刀分成两种，一种仍然采用直窄样式，另一种则转变为近代常见的宽体样式。到隋唐时期，军队中常备的刀主要是陌刀和横刀。陌刀是长兵器；横刀也叫佩刀，短柄、刀身直窄，是每个士兵的必备兵器。北宋时起，短刀称为“手刀”，刀身采用宽体样式，前锐后斜，是典型的中国大刀的样式。明代后期起，由于抗倭的需要，军中常备的腰刀和短刀，改为日本太刀样式，刀身窄，微呈弧形，并一直沿用到清代后期。刀在中国虽然出现得早，但作为主流短兵器，在人们的喜爱程度上，却落后于剑。剑在商周时期才开始出现，但在周代已成为贵族阶层最喜欢的佩带武器。春秋时期，剑在吴越地区因水上近战频繁而率先成为主要兵器，出现了吴王夫差剑、越王勾践剑等。到战国时期，更是名剑频出，如干将、莫邪、湛卢、鱼肠、太阿、龙泉等都非常著名。西汉时，已是从天子到百官，无不佩剑了。到了东汉，随着环首刀成为军队的主要装备，剑因其实战作用已不适应骑兵时代的战争，逐渐退出战场，但仍作为佩饰品走上了高雅轻巧之路，直到明清，也没有多大变化。

在冷兵器中，远射兵器在战场上也十分重要。所谓远射兵器，就是使用弓、弩、抛车等发射器，将箭矢、石子或弹丸等射向远处以打击敌人的兵器。弓箭是早在石器时代就出现了的狩猎工具，在战争中，也是人类常用的主要兵器之一。拉弓射远需要有很强的臂力，并需要一边拉弓一边瞄准，为了突破这一限制，战国时期出现了弩。弩就是在弓上增加了弓臂，弓臂上设有弩机，挂上弓弦，瞄准目标一扣扳机，即可射箭，对臂力和技巧都没有太大的要求，有利于在军队中普遍装备。因此，直到清代，弓弩都是军队中的必备兵器。中国古代在冷兵器时期还有一种重要的远射兵器，就是抛车，又叫发石车或抛石机。后来出现的“砲”，就是“抛”的意思。只不过火药出现后，“砲”字才被“炮”代替。在现代的象棋中，这两个字仍在并列出现。汉代学者贾逵称，《范蠡兵法》中曾载有射程可达两百步的“机发”“飞石”。有人认为，这就是中国早期的“砲”。但《范蠡兵法》已亡佚，无从查证。现有文献最早的记载是在《三国志》中，曹操在官渡之战中使用抛车发石攻打袁绍，称为“霹雳车”。到南北朝时，抛车加上了轮子，可随军行动，叫做“拍车”。唐代时，抛车被称为“将军砲”或“擂石车”。安史之乱时，名将李光弼在太原就曾用这种抛车击败史思明。而在宋、金和金、元战争中，抛石机更是被大量集中地使用。宋末元初，蒙古兵于1273年攻打襄阳时，迫使襄阳投降用的就是回回人亦思马因制造的抛石机，所以这种新式抛石机又被称为襄阳砲或回回砲。到明初时，朱元璋还在大批制造抛石机。但很快由于火炮的出现，抛石机自然就被淘汰了。

在中国历史中，冷兵器的长期存在和人们对兵器的喜闻乐道，催生了兵器文化，特别是文艺作品中描述的历代名将常用的兵器，有很多也随着这些名将的性格特点，被赋予了独特的习性及情感。如善弓箭者，因为战国时的养由基、汉代的李广等而被认为必会百步穿杨；持大刀者，因为三国时的关羽、北宋的杨业等而被认为必定英勇忠义；持长枪者，因为三国时的赵云、南宋的岳飞等而被认为必然武艺高超；以及使锤者力大、持斧者鲁莽、用剑者轻灵……这些虽然不尽科学，却很符合中国传统文化的审美认同。

第三节　中国火器的发展

火器，在中国军事史上，是指因火药而研制的各种兵器。火药，是中国古代的四大发明之一。之所以叫火药，是因为它原本就是一种药，是一种能发火的药。

火药是硝石、硫黄和木炭按照一定比例混合而成的。其中，硝石和硫黄，早在汉代的《神农本草经》中就已被列为重要药物。而欧洲人和阿拉伯人知道“硝”这种东西，要到13世纪了。所以，今天在原阿拉伯的有些地区还把硝石称为“中国盐”或“中国雪”。

药，繁体字为“藥”，上面是草字头，下面是繁体的“乐”字，原指可治疗疾病、让人快乐的植物。中国自战国时期起，开始盛行“神仙学说”。从汉代起，道家学派中就出现了炼丹家，他们相信利用自然界中的某些物质可以炼成“丹药”。由此开始，药有时又指丹药。丹药不再是用来治病的草药了，而是以矿物质为主的合成药物，服用后能够“成为神仙”或者“长生不老”。今天在中药里仍然存在的药丸，在形式上就是起源于古代的炼丹术。炼丹家们对各种药材进行不懈的尝试，希望能炼出“仙药”来。到唐代时，发现把硫黄、硝石与皂角子或马兜铃（二者都含碳素）放在一起在火上烧炼，会冒烟并燃起焰火。他们把这种极易燃烧的药，就叫做火药。但这种火药并没有成就炼丹家的神仙梦，反而大约在 10 世纪，被应用到军事领域，不仅逐渐改变了兵器样式，更是推动着全人类的历史走向了热兵器时代。

中国初级火器的制造和使用，是从北宋初期开始的。据《宋史》等书的记载，从 976 年到 1002 年的 20 多年时间内，不断有地方官员向朝廷进献火球和火箭。1044 年成书的《武经总要》一书，共记录了 8 种火球和 2 种火箭的制造和使用方法，并附有 3 种火药的具体配方。火球和火箭还只是以火药为燃烧源的火攻器具，大多需要借助抛石机或是弓弩等射远兵器才能发挥其威力。它们利用的是火药的燃烧特性，因此这类火器又被称为燃烧性火器。燃烧性火器通常用来焚烧敌方的防御设施、营房仓库、粮草船只等，有时还可构成烟幕、布设障碍、喷射火焰和毒气等。

火球类燃烧性火器，一般用抛石机抛送，在对敌居高临下时也可由人力抛掷，如北宋时的毒药烟球、蒺藜火球、霹雳火球等，南宋的西瓜炮，明代的神火混元球、烂骨火油神炮、万火飞砂神炮等。1126年金兵围攻汴京、1279年宋元崖山之战等重要战争中都有火球类火器现身。火箭类燃烧性火器的使用方法是将火药绑在箭杆上，点火后用弓弩射出。在1083年北宋与西夏的兰州之战、1363年朱元璋与陈友谅的鄱阳湖决战中都曾大量使用这类火器。燃烧性火器除火球、火箭外，还包括火枪、喷筒和火禽火兽三类。火枪类火器在南宋极为盛行，方法是在长枪的枪头下方绑上一个或两个火药筒，交战时先点火烧灼对方，然后再利用枪锋刺杀。南宋时的梨花枪就是一种著名的火枪，被金人称为飞火枪，直到清代还在使用。喷筒类火器是明代创制的，有毒龙喷火神筒、一把莲、钻穴飞砂神雾筒等多种。在加了手柄的粗竹筒内加入火药与含毒的药饼，点燃后除喷射火焰外，还可使对方中毒昏迷。火禽火兽类火器也出现在明代，如神火飞鸦，用竹或苇编成飞禽状，装火药后绑在火箭上，可先飞行一段距离再点燃目标。再如木火兽，利用有轮子的木架制造出虎豹的形状，装好火药后由一个人推入敌阵中燃烧喷焰。燃烧性火器在宋、元两代曾经是主要火器之一，到明代时还占有一定地位。但随着爆炸性火器和管形火器的发展，其地位逐渐衰落。虽然到清代仍在水军中使用，但已不是军队中

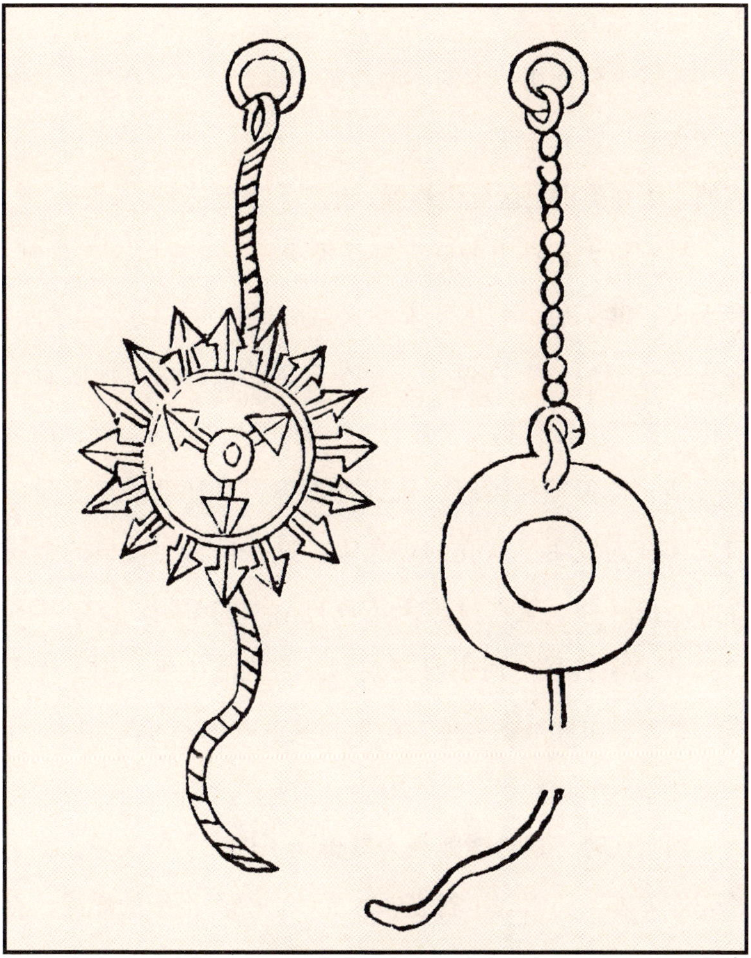

蒺藜火球和引火球

的重要兵器了。

随着火药使用技术的不断改进，爆炸性火器产生了。爆炸性火器以铁壳为主，使用范围广及地面、地下及水中，相应的，可在类别上区分为炸弹、地雷和水雷三种。

具有重大杀伤力的铁壳爆炸类火器，首先由金人创制。金人灭亡北宋后，利用北宋的火器制造技术、设备和工匠，加强了火器研究。1189年，金军占领的山西太原地区有个被称为铁李的狐狸猎人，设计了一种填装火药的陶罐，加装通火线，待狐狸接近时，从远处点爆，可辅助猎狐。受此启发，金人发明了铁壳的震天雷。这是世界上最早的金属炸弹。1221年，金军携震天雷攻打南宋的蕲州；1231年和1232年与蒙古兵的河中府之战和开封之战中也使用了震天雷。震天雷由此威名远扬，南宋和蒙古人称之为铁火炮，并且也开始大量制造和广泛使用。

到明代时，这种炸弹类火器得到了进一步的发展。除了铁壳炸弹外，还出现了石壳、木壳、泥壳等类型的炸弹，点火方式也大有改进，更加丰富多样。如铁壳的击贼神机石榴炮，采用触发式，在敌人触碰后才会爆炸；石壳的威远石炮，采用拉发式，用长绳接连，待敌人接近时拉动才会爆炸；嘉靖时期出现的慢炮，在点燃三四个小时后才会自动爆炸，类似于现代的定时炸弹。

此外，明代时还发明创制了地雷类、水雷类的爆炸性火器。地雷类火器用铁、石、陶、瓷等制成，埋在地下，使用踏发、绊发、拉发、点发等多种点火方式。如炸炮，是一种将几十个弹体连成一串的踏发式地雷；万弹地雷炮，是一种既可以用长绳在远处拉发，也可以加装绊索实现绊发的多用法地雷；无敌地雷炮，则是一种利用长竹竿延长引信，待敌接近时再点火的点发式地雷。明代的水雷类火器也创制了多种。如水底龙王炮可漂浮在水面之下，用香头点火，通过控制香头的长短，结合水流速度，使其在漂近敌船时引爆；名为混江龙的水雷则是沉入水底的，以火石和火镰为点火装置，施放者可埋伏在岸上，用长绳牵执，待敌船经过时，拉动长绳引爆；还有一种既济雷，则是由潜水技能较高的水兵将其钉在敌船船底，点燃慢燃药信后离开，待其爆炸时使敌船沉毁。

爆炸类火器在南宋、金、元之际的战争中，占有很重要的地位，到了明代更是得到了大力发展，有些品类已接近于近代时的相同火器水平。可惜到了清代不予重视，已很少再制造和使用这类火器了。

中国的火药和火器，随着蒙古西征传到了古代阿拉伯地区，并继而传到欧洲。1218 年成吉思汗统帅蒙古大军向西挺进，携带了大量新式火器。1219 年蒙古军在突破花刺子模的第一道防线赛勒河时，就使用了投掷火器。1220 年蒙古军攻击尼沙城，曾使用 20 门弩炮连续轰城 15 天，向城内发射了大量火箭、毒火罐和火炮。1241 年蒙古军攻击华沙，大量投掷毒药烟球，被波兰人视为妖术。1258 年巴格达之战时，蒙古军向城中投掷的震天雷，被阿拉伯人称为“铁瓶”。由于蒙古军攻克大马士革后，曾与阿拉伯人对垒多年，阿拉伯人得到了一些火器和工匠，于是学会了制造火药和使用火器。去世于 1248 年的西班牙兽医伊贝阿尔贝是第一个把硝石列入欧洲药典的人，他采用阿拉伯人的叫法，把硝石称为“中国雪”。到了 13 世纪下半期，欧洲开始有人将阿拉伯人有关火药的记载译成拉丁文。到 13 世纪末第八次十字军东征时，欧洲人在与阿拉伯人的战争中也学会了制造火药和使用火器。火器开始在世界范围内迅速向管形火器发展。

1132 年，南宋的陈规在德安用长竹竿制成的火枪，被认为是世界上第一次出现的原始管形火器。但这种管形火器只能喷射火焰烧伤敌人，仍属于燃烧性火器。1259 年，南宋寿春府制造出了可发射“子窠”的突火枪，利用火药燃烧时产生的力量，将“子窠”发射出去杀伤敌人。因而，突火枪成为世界管形射击火器之祖，它的发射原理也成为后世步枪火炮发射原理的先导。竹制管形火器出现以后，金属管形火器也就应运而生了。元代 1298 年铜铸的大德二年碗口铳和

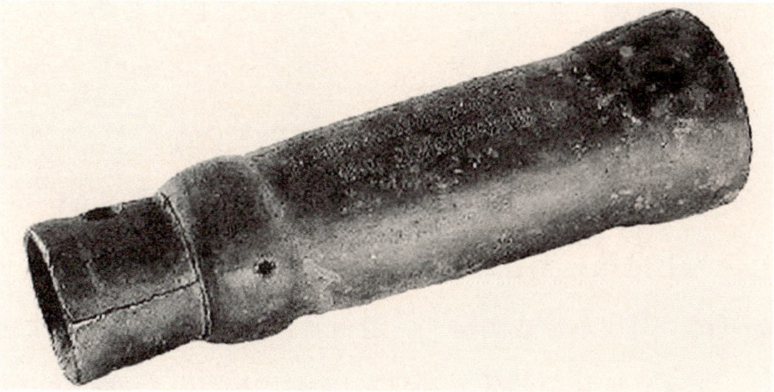

火铳

1332年的至顺三年铜火铳，是迄今所发现的世界上最为古老的两件金属管形火器，比欧洲出现火炮要早半个世纪以上。

火铳，有时也被称为火筒，是中国古代最早的金属材质管形射击火器，最初是铜制的，后来又有铁制的。它以火药来发射石弹、铅弹和铁弹，在元明时期，已装备到了军队之中。元末时，元军、朱元璋军、张士诚军都大量装备有火铳，并投入了实战。明代建立后，火铳的制造技术得到较大发展。永乐初年，明成祖朱棣设立“神机营”，专门负责掌管和操演各种火器。明代中央政府设有兵仗局、军器局、火药局，负责监造火器和弹药。因此，明代的火器形制逐渐统一，开始出现规范化的趋势，并明显地分成了两种类型：一种有着细长的直体铳管，称为手铳，也就是后世枪的鼻祖；

一种口径较粗，装药量和装弹量相对较大，即古老的火炮。

明代的手铳不仅生产量大，技术改进得也很快，种类也较多。从嘉靖年间起，还创制了多管和多发的手铳，如两管的夹把铳、三管的三眼铳、四管的四眼铳、五管的五排枪、七管的七星铳、十管的子母百弹铳等，而车轮炮则是将 36 支单铳，附在车轮式圆盘上，进行转动式发射。16 世纪上半叶，明军先后从葡萄牙人和日本倭寇手中缴获了火绳枪。火绳枪上的火绳压进火门后，射击者的眼睛可一直瞄准目标，并且枪上设有照门和准星，极大地提高了命中率。明代军器局和兵仗局将缴获来的火绳枪称为鸟铳、鸟嘴铳或鸟枪，并开始进行仿制和改制，使其很快就成为重要的单兵武器。火绳枪之所以被称为鸟铳、鸟枪，据明代茅元仪的《武备志》称，因为这种枪“十发有八九中，即飞鸟之在林，皆可射落，因是得名”。明代仿制和改进的著名鸟铳包括鲁密鸟铳、掣电铳等。到 17 世纪初，欧洲开始装备利用燧石点火的燧发枪。燧发枪主要是改进了火绳枪的点火装置，突出的优点是不用事先点火，也不受风雨影响，只要连续扣动扳机，摩击燧石，即可连续发射。明代在崇祯八年（1635 年）也研制出了这类燧发枪，当时称为自生火铳。但到了清代，却未受重视。清代从 17 世纪至 19 世纪中叶，军队装备的轻火器，只剩下兵丁鸟枪这一种火绳枪。其余包括燧发枪在内的各类轻火枪仅仅成了皇帝和王公贵族防身或打猎的工具。

明清时期的火炮经常被冠以“将军”之名，或称为将军炮，究其原由，据明代署名焦玉的《火龙经》所载，焦玉曾向朱元璋进献几十支火龙枪，威力很大，朱元璋觉得军中装备了这样的火器后，“取天下如反掌”，“功成当封大将军”。明代建立后，果然很多火炮获得了将军称号，并要春、秋祭祀，到了清代仍然如此。如明代万历年间的威远炮上就刻有“天字第二十五号大将军”的铭文，嘉靖年间的虎蹲炮又被称为大将军或将军炮。16 世纪初，明军从广东获得了葡萄牙火炮。这种火炮附有事先已填好弹药的子管（即炮弹），而且用火绳点火发射。因为明代人对葡萄牙人、西班牙人统称为佛郎机，所以把这种欧洲火炮也称为佛郎机。1523 年，明军开始在南京仿造佛郎机，后经过研制改进，制成大样、中样、小样等多种型号的佛郎机，在材质上也分为铜铸、铁铸两种。从嘉靖时期起，佛郎机成为明代军队中的主要火器之一。17 世纪初，荷兰人开始在中国东南沿海活动，他们的船上装备了比佛郎机威力更大但更为轻便的火炮。由于当时人们称荷兰为红毛夷，就把这种炮叫做红夷炮。后清代满族入主中原后，因忌谈“夷”字，遂改称为红衣大炮。明廷获得这种红夷炮后，为对抗清军入关，委派徐光启等人进一步购进仿制。1626 年，袁崇焕在辽远城利用这种红夷炮阻击努尔哈赤，使得努尔哈赤身负重伤，不久死去。所以清军入关后，一度也加强了对红衣大炮的制造，如无敌大将军炮、威远将军炮、武成永固大将军炮等。在清代统一全国的战争中，红衣大炮成了攻城的主要兵器。在平定三藩之乱中，火炮仍是清军的攻城利器。但从康熙晚年起，因天下已定，火器的研制和使用开始受到严格限制，《武经总要》《武备志》等各类兵书也被列为禁书。此时，欧洲火器迅猛发展，而中国火器的发展甚至在一定程度上连明末的水平都不如。待进入近代的热兵器时代时，清军的火器装备早已大大落后于西方了。

第六章

军事地理与工程

从古到今的战争，都是在一定的地理环境中进行的。地理环境主要是指自然地理环境，即地理位置与地形、水文等相对稳定的因素，但有时也要考虑到由自然地理环境延展出来的包括经济资源、人口民族、社会状况等内容的人文地理环境。军事地理，重点关注的就是军事与地理环境之间的关系。

中国自古以来就重视军事地理。《孙子兵法》中提出决定战争胜负的因素是道、天、地、将、法，把地理条件列为五种要素之一。孙子还说："地形者，兵之助也，料敌制胜，计险厄远近，上将之道也，知此而用战必胜，不知此而用战必败。"三国时的诸葛亮也提过："不知地理者，不足以为将。"而且他那篇著名的《隆中对》，本身就是精辟深刻并通过了实践验证的军事地理论文。明末清初的顾祖禹著有

《读史方舆纪要》一书，梳理了中国4000多年来军事地理的发展形势，并总结历代的军事经验和教训，点明了各地区的战略地位和作用，成为中国古往今来最为重要的一部历史军事地理著作。

因为一切战争都必须在一定的地理环境下才能进行，因此就不能不受到地理环境的影响和制约。但地理环境只是一种相对稳定的客观因素，而作为战争主体的人，却是异常活跃的主观因素。虽然地理是影响战争的重要因素，但并不是决定性因素。只有人，才是决定战争胜负的主要因素。

人类为保障战争顺利进行和提高军队战斗力、生存力，以及阻碍敌军行动、增大其伤亡率，会依据地理环境修筑各种工程设施，这就是军事工程。中国古代的军事工程，主要是以城池和长城为主体的筑城体系。筑城是以中国为主要代表的东亚国家的历史传统，而且城池规模与欧洲国家相比，一般都比较大。地理环境不仅影响了中国古代城池的修筑位置和城池特点，也同时深远地影响了今天中国城市的基本布局。长城与古代的城池，不仅给中华文明留下了恢宏的物质文化遗产，而且因长城和城池而衍生的文化意蕴和文学传统，更是渗透进了中华文明内部，至今仍在中华民族的传统精神中施加着影响。

第一节 古代战争的地理分布

“形胜之地”“必争之地”“一夫当关，万夫莫开”等词句，都与地理环境有关，也同时都与战争有关。地理环境对战争的影响是方方面面的。中国地貌类型复杂多样，种类齐全，地势西高东低，呈阶梯状分布，这些特征对战争行动有着明显的影响。山地、丘陵、高原、平原、盆地、河流、湖泊等，在每一场有所涉及的战争中，都是不得不考虑的因素。不同的地理位置、不同地区的不同气候和同一地区不同季节的天气，都会影响到战争的进行。不同地区的经济、资源、人口、交通，更是战争中必须要重视的问题。

而纵观中国上下几千年的历史，中国独特的地理环境对历史上战争的走向以至于中华文明的形成和发展，都有着重要的影响。在古代，中国北方的沙漠和高原、西方的山脉和冰川、南方的湿热丛林、东方的浩瀚海洋，都是逾越艰难的天然屏障，不利于外敌深入，因而在中国内陆形成了一个相对封闭的生存空间。这个相对封闭的空间，幅员辽阔，民族众多，环境又千差万别，既给中华文明不断融合、不断发展提供了广袤的舞台，又维护着中华文明少受外来侵扰、不曾间断地向前发展。同时，由于这个生存空间相对封闭，又造成了历史上不停的民族纷争在地理上的必然性。少数民族与少数民族、少数民族与汉族、汉族与汉族之间为争夺生存与权力的战争绝大多数只能在这一舞台中上演。这既是中国古代战争频繁的一个原因，也是各民族之间能够不断交流，最后形成统一的中华民族的一个原因。

在中华民族生存的这个相对封闭的地理环境中，从北向南并列分布着三大经济活动带：北方是草原经济带，中间是黄河经济带，南方是长江经济带。但这三个经济带并不是同时发展起来的。

中华文明最早发源于黄河流域，而黄河流域最初又分为两个地区，即华北平原的东部农耕区和关中平原的西部农耕区，从而形成黄河流域的东西两大经济中心，并因之产生了以这两个经济区为根基的两大政治集团。以函谷关为界，以西的称为关陇集团，以东的称为关东集团。从夏商周到秦汉时期，国家的命运实际上就是由这两个政治集团左右着。因此，这一时期的战争也主要表现为在黄河流域展开的东西战争。

早在原始社会末期，黄帝和炎帝就是自西向东战胜了东夷的蚩尤，进而占据了黄河中下游一带的。夏代继承了这一区域后，最终被源自东夷的商族西进灭亡，中国历史进入了商代。商代末年，周族兴起于渭水流域，周武王兴兵东向，灭商建周。不久周公又二次东征，平定叛乱，巩固了对东方的统治，并兴建了东都洛邑，由此形成了中国古代社会前期的东西二京制。春秋战国时期，诸侯国众多，战事不息，到战国末期形成了以齐国为核心的东方六国集团对抗西部强秦的格局，结果是秦国自西向东，扫清六合，一统中国，中国历史进入了秦代。秦代末期，刘邦自东向西，趁虚打进关中，然后楚、汉以鸿沟为界，东西对峙，最后刘邦自西向东夺得天下，建立西汉。刘秀建立东汉仍然先是由东向西，以关东为根基，进入关中，夺取政权后，再先东后西，逐步消灭各地割据势力，完成一统。

但到了三国两晋南北朝和隋唐时期，中国经济政治的地理格局开始发生重大变化。一方面，北方的游牧民族突入长城以内，与中原文化发生了深刻的碰撞与交融，从而使中华民族经济政治的活动范围向北方大幅扩延。另一方面，318年永嘉南渡以后，长江流域得到迅速开垦与发展，并在中唐以后在经济发展上逐渐超过了黄河流域。北方的草原经济与南方的长江经济在中国的影响逐渐加大。因此，尽管这一时期的战争仍然以发生在黄河流域的东西战争为主，但南北方之间的争夺也在不断加剧。

三国时期，西蜀、东吴与曹魏隔长江对峙，开始进入东西向与南北向战争并存阶段。而在西蜀和东吴被北方势力灭掉不久，南北朝局面继而形成。后由隋代南下灭陈后，才重新统一全国。从这一段历史也可以看出，此时长江流域的政治地位日见明显，已足以哺养小型政权的生存，并与北方对峙，因而南北向战争的次数开始明显增多。但从战争效果上看，决定着国家命运的仍是发生在黄河流域的东西向战争。李渊父子先由东向西，入关中夺长安建政权，再由西向东，取洛阳定江山，使建唐大业基本稳定。安史之乱中的战争也主要以黄河流域的东西向战争为主，但叛军虽然攻下了东西二京，却未能置唐王朝于死地。唐王朝依赖南方的支撑仍能平定叛乱，已凸显了南方的战略作用。而到黄巢起义时，黄巢两次西征不成，转而长驱南下，再由南向北，攻下洛阳后，西取长安，虽然最终以失败告终，但已从根本上摧毁了唐代的统治基础。

实际上，从中唐到五代时期，长江流域的经济水平已在赶超黄河流域。黄河流域由于战乱频繁、生态破坏严重，经济地位正迅速衰落。此时，北方的游牧民族契丹、女真、蒙古等正在崛起，并从宋代起相继建立了较之以前更为长期稳固的政权。这些政权南下到黄河流域，不断与拒守在长江流域的汉族政权交锋，中国大地上的战争走向从此变成了南北战争。

唐末分裂时期，黄河流域虽五代更替，但始终与南方各小国处于南北对立状态。同时，北方相继兴起的游牧民族的强大压力也进一步强化，南北向战争成为稳定的战争走向。此后，宋与辽、西夏、金的战争，金与宋夹击灭辽，蒙古和元灭金、夏、宋等，都是典型的南北向作战。元代蒙古人入主中原以后，坐镇北京，以北制南。而元末农民起义，却从南方发起，主要起自江淮和江南地区，然后分路北伐。朱元璋建立明代之初，定都在南京，燕王朱棣发动“靖难之变”，又由北京起兵南下，夺取帝位。清代满族更是从东北入关，自北而南一直进军到滇缅，后在平定南方的三藩之后，统治才得以巩固。

中国古代战争的这种走向变化，就像写下了一个“十”字。而且，战争的结果，也正如写下这个“十”字所带动的笔势：东西相争，西胜多，东胜少；南北相争，北胜多，南胜少。这和中国的地势特点西高东低、北高南低也非常巧合。东西相争，必有一条纵贯南北的轴线作为双方争夺的前沿地带，而南北对峙，也必有一条横亘东西的轴线作为双方对抗的前沿地带。这条东西之争的中轴线大致是中国地势第二级阶梯的东部边缘线，而南北对峙的中轴线则是淮河至秦岭一线。两条中轴线的交汇地带则是以洛阳为中心的中原腹地。

明末清初的顾祖禹在《读史方舆纪要》中统计，从上古到明末共发生了6192次战争。其中，发生在今天河南境内的战争有820次，河北712次，陕西500次，山西478次，山东437次，江苏406次，安徽403次，湖广406次，四川381次……而最少的广东、贵州等地，都不足百次。可见，无论是东西相争还是南北对峙，中原都必定是各方争夺的交汇之处，此地战争的频繁不可避免。加之中原地区处于黄河中下游，发展比较早，也比较快，又长期在中国历史中占据重要地位，包括中原地区在内的中国北方所发生的战争数量多于南方，就成了中国古代战争在地理分布上的两大基本特点之一。另一大基本特点，由于中国古代战争以控制人口和耕地为主要目的，因而发生在经济发达地区的战争远远高于经济落后地区，并且发生战争的密集点会随着经济中心的移动而移动。

而战争带来的政治格局变化，也会推动着中国文明中心的迁移。与中国古代战争走向的“十”字形很接近，中国古代文明中心的迁移，也呈现出“东进南迁”的总体趋势。

战争对政治格局的最重大影响是导致统治王朝的迁移或更替。这种王朝变更，在战争的打击下，往往伴随着巨大的社会动荡，从而摧毁原来的政治、经济和文化，令其社会组织机构解体，人口剧烈下降，自然生产力受到巨大破坏。战争结束后，胜利者往往要将新王朝迁往受战争破坏较少的区域，经过复苏与发展后，再形成新的政治、经济和文化中心。这种文明中心基本上是与都城相重合的。

中国古代文明的主源头处于黄河中下游平原，在北宋以前，中国的文明中心也一直在这一区域徘徊，并在总体趋势上逐渐由西向东迁移。

中国古代在夏、商两代，都城是变动不定的。夏代的都城先后有阳城、阳翟、斟寻、原、老丘、西河、洛内等十几处，大多位于今河南境内。商代的都城也有“前八后五”之说，立国前迁都八次，灭夏后又迁都五次，自盘庚迁到殷，也就是今天的河南安阳，才最终稳定下来，并经过了 273 年的发展，成为中国早期的文明中心。周人因兴起于商代西部，灭商后定都于镐京，即今天西安的西南部。近300年后，周平王于公元前 770 年迁都到洛邑，向东抵近原商代国都。此后，由于各诸侯国割据称雄，区域性政治中心大量出现，兴起于西部的秦统一六国前后，定都于西安附近的咸阳，仍在原来西周镐京附近。刘邦消灭项羽后，又在灰烬中的咸阳重建了长安城。200 多年后，到西汉末年，长安遭到毁灭性的破坏。东汉建立后，将都城选在了洛阳，又回到东周都城旧地，并在此继续发展了 196 年。

东汉灭亡后，三国时的曹魏、继曹魏而建的西晋，以及南北朝时期的北魏仍以洛阳为都。而三国时东吴将都城从武昌迁到建业（今南京）后，南京的地位日益上升，后来的东晋和南朝四朝都定都于此。同时，南北朝时期因西魏、北周再次选取长安为都，由北周而兴的隋和取代隋的唐，就都仍定都于长安，但隋唐又都以洛阳为东都。唐代末年，朱温将长安付之一炬，并将后梁的都城选在开封，文明中心进一步东移。其后，虽然后唐曾定都洛阳，但接下来的后晋、后汉、后周都仍以开封为都城。代后周而建北宋的赵匡胤沿袭旧制，同样以开封为都城。1127 年，北宋被金所灭，康王赵构建立南宋，迁都于临安（今杭州），长江以南因不受北方战乱的侵扰，在经济和文化上进一步繁荣，而金为了巩固中原并吞并江南，将统治中心南迁到中都燕京，也就是今天的北京。

北京正处于北方的草原经济带与中间的中原经济带之间，在同时控制北方和中原的战略考虑中具有十分重要的军事和政治地位，因此，以后的元、明、清三代最终都选择了以北京作为都城，北京也因而成为中国古代后期以来的文明中心。

可见，中国古代文明中心的迁移，不仅受到军事和政治需求的主观牵引，而且更要受到地理环境和经济发展的客观影响。

第二节 军事地图

地理环境是战争展开的基本平台，由于战争行动是相对运动的，随着战争行动的推进，遭遇陌生的地理环境是不可避免的。此时，借助军事地图来了解和利用地理环境就变得十分重要。《三国演义》中“张松献地图”的故事，就从一个侧面说明了军事地图在战争中的珍贵性。

大约成书于春秋战国时期、署名为管仲所著的《管子》一书中，专门设有《地图篇》一章，其中说道：“凡主兵者，必先审知地图。轘辕之险，滥车之水，名山、通谷、经川、陵陆、丘阜之所在，苴草、林木、蒲苇之所茂，道里之远近，城郭之大小，名邑、废邑、困殖之地必尽知之，地形之出入相错者尽藏之。”要求在用兵作战之前，必须要详查和熟悉地图，清楚险要之地和通行道路在哪里、林木草丛繁茂形势如何、道路的远近、城池的大小和兴废状态，完全掌握其中的生死之地和进出路径，“然后可以行军袭邑，举措先后，不失地利。此地图之常也”。这段话，不仅说明了春秋战国时期人们对军用地图重要性的认识，也从一个侧面反映出当时军用地图的使用情况。

使用地图就必须要绘制地图。中国是世界上最早绘制地图的国家之一。古人类为了求得生存，在耕作、渔猎和改造自然的过程中，慢慢地对周围地理环境形成了初步的认识，并尝试运用最简单的图形对周围环境和生活情景进行记录，于是便出现了最初的原始图画。这些原始图画逐渐发展，最终形成三个分支，即绘画、文字和地图。

传说中最早的原始地图是出现在大禹时期的《九鼎图》。大禹依据天下九州的数目铸成九个鼎，并在每个鼎上都铸明了各州的山川形势、奇物怪兽等图形物像，作为人们出行避险的指引。而根据文献的记载，至晚从西周开始，地图就已成为国家管理和征伐作战等政治、军事活动中必不可少的工具了。在《周礼》中，就记述了西周时期的天官、地官、春官、夏官、秋官、冬官中，大到管理国家版图、小到管理墓地的各级管理或使用地图的官职有近 20 种。其中，夏官中有“司险”一职，“掌九州之图”，又有“职方氏”一职，“掌天下之图”。这两种图都可以用为军事地图。此外，《周礼》中所涉及的地图还包括土地图、交通图、农田水利图、物产矿藏分布图等。

春秋战国时期，由于征战频繁、人口流动量大，地图更加详备且应用也更多，并在军事上得到了空前的重视。而且由于应用目的不同，地图的详略程度也有不同。《史记·苏秦列传》中记载，苏秦在游说赵王时曾说：“臣窃以天下之地图察之，诸侯之地五倍于秦。”这句话中提到的是“天下之地图”，相当于战略图。而《史记·刺客列传》所载，荆轲曾向燕太子丹索要“樊将军首与燕督亢之地图”。燕国“督亢之地图”就只是小范围的地区图了。秦始皇统一天下后，将六国的图籍都集中于都城咸阳。《史记·萧相国世家》记载，刘邦军队攻入咸阳，诸将都去争抢金帛财物，萧何却“独入秦丞相、御史、律令图书藏之”。其中就包括秦代搜集和绘制的各种地图。这些地图在此后刘邦与项羽争夺天下的战争中，应该起到了很大的作用。汉高祖八年（前199年），萧何在长安督造石渠阁，藏入所获秦代的图籍，使石渠阁成为西汉国家级的图书馆。

从汉代起，地图又被称为“舆地图”或“舆图”，因为古时有“天为盖，地为舆”之说。地图在军事行动中的使用也更加普遍。《史记·淮南王列传》记载：淮南王刘安欲谋反时，“日夜与伍被、左吴等案舆地图，部属兵所从入”。刘安想造反，也要先根据“舆地图”研究从淮南进入关中的行军路线。《汉书·严助传》中也记载，汉武帝在商议出兵攻打闽越时，“以其地图察其山川要塞，相去不过数寸，而闽独数百千里”，说明当时已将“数百千里”距离内的山川要塞都画在“不过数寸”的地图上了。

中国现存最早的地图是在长沙马王堆三号汉墓里出土的

马王堆汉墓出土的《驻军图》局部

三幅大比例地图。这也是世界上已发现的最早的军事地图。地图的制作年代在汉文帝前元十二年（前 168 年）之前。其中的《长沙国深平防区地形图》，画在一块长、宽各 96 厘米的正方形绢帛上。主区域是以深平镇为中心的长沙国南部，也就是今天湘江上游潇水流域的南岭、九嶷山一带。图中包括山脉、河流、居民点、交通网四大要素。另一幅《驻军图》，长 98 厘米，宽 78 厘米，主区为长沙国南部的大深水流域。图上标明了南和东两个方向，并用黑、红、青三色绘制，图中各军事要素都用红色符号表示。如，主将驻地用红色等边三角形代表，烽燧哨所以小三角形代表，防区界线用实线代表，道路用虚线代表，等等。第三幅《城邑图》，所绘的是当年的临湘城（今天的长沙），也用不同颜色标注了城门堡、城上楼阁、城区道路等。

三国两晋南北朝时期，战乱不断，地区归属变动频繁，对地图的使用也需要更为精细。在此背景下，晋代的裴秀最早提出了成体系的地图制图理论，即“制图六体”，提出绘制地图时应遵循六条原则：分率、准望、道里、方邪、高下、迂直。主张制图必须要有一套基本原则和方法，要能准确地体现出比例、方位和距离关系，要能把不同区域的方斜、高低和曲直等数据科学地展现在平面上。“制图六体”，不仅奠定了中国古代“计里画方”式制图的理论基础，而且成为从西晋到明末的地图绘制指导原则。

到隋代，中国长期分裂割据的局面终于告一段落。大业年间，隋炀帝“普诏天下诸郡，条其风俗物产地图，上于尚书”。这是中国古代有记载的由基层政区造送地图的最早记录，也开启了由地方向中央造送地图的先河，所以隋代留有《诸州图经集》100卷。唐代时，在明确地方造送地图方面，比以前更为具体，基本上定成了制度，先是3年一造送，后改为5年，这样就可以保证全国统一编图具有基本资料，并能不断更新。因此，唐代出现多件前所未有的地图杰作，如宰相贾耽于801年督制的《海内华夷图》，广3丈，纵3丈3尺，根据裴秀“制图六体”原则绘制，以1寸代表100里。813年，另一宰相李吉甫又编成《元和郡县志》及《元和十道图》，“每镇皆图在篇首，冠于叙事之前”。

宋代建国后，契丹和西夏的威协日益增强，为加强西北方向的防御，中央政府非常重视地图的编制。淳化四年（993年），宋廷诏集画工，在各州地图的基础上，用100匹绢，合在一起画出了《淳化天下图》。熙宁九年（1076年），又令沈括编制《天下州县图》和《守令图》。沈括为了使用方便，以2寸为100里，把比例尺放大为传统制法的二倍。他在考察定州（今河北定县）西部山区时，对这一带的地形进行了细致的测绘，并考虑到作战的需要，用蜡熔在木板上模拟其山川地势，形成立体模型图。这很像现代作战时经常使用的沙盘。宋神宗知道后，曾令各边防州郡都依此仿制。

元代有位道士叫朱思本，他周游天下后，花费了十几年时间绘成了一幅长、宽各7尺的《舆地图》，纠正了不少前人的错误。流传到明代后，罗洪先感到《舆地图》幅面偏大，不利于使用，就在其基础上加以增补修订后，改绘成44小幅，取名《广舆图》刊印。这是中国现存最早的地图集。明代对军事地图尤为重视，据《明史》称，明代要求，“凡天下地理险易远近，边腹疆界，俱有图本，三岁一报，与官军车骑之数偕上”。“洪武二十六年（1393年）定凡天下要冲及险阻去处，各画图本，并军人判籍，须令所司成造送部，务知险易。”

到了明代中后期，西方地图绘制方法开始传入中国。明万历年间，意大利传教士利玛窦将他采用椭圆投影法绘制的世界地图《山海舆地图》和《坤舆万国图》先后引入中国，图上标定经纬度，以赤道为中心线，将地球平分为南北两半，从而推动了中国近代测绘术的萌芽，掀开了中国地图史新的一页。

清代康熙年间，中央政府借鉴西方的地图投影和经纬度测量法，历经10年时间，进行了全国性的测量并绘制出《皇舆全览图》，开辟了中国实测经纬度地图的先河。但受当时战争的影响，这幅图的西北部只测到新疆的哈密，西藏大部分为目测，包括台湾在内的其他地区则均为实测。后来到了乾隆年间，才完成对新疆和西藏的实测，并在《皇舆全览图》的基础上，编制成《乾隆内府地图》。至此，中国第一幅涵盖全部疆域的实测地图最终完成。康乾年间实测地图的完成，极大地影响了中国各地方区域地图编制的科学化。到清代末年，魏源的《海国图志》标志着中国历史上第一部以科学方法绘制的世界地图集出现了。

在中国地图绘制的发展过程中，战争的需求起到了很大的推动作用。同时，地图又为战争行动提供了依据和指南。而就地图的艺术性来说，由于中国的原始地图与绘画艺术同源于原始先民绘制的原始图画，也导致了中国古代的一些地图，尤其是志书地图中带有很明显的传统山水画的烙印。在唐代张彦远的《历代名画记》中，甚至把一些地图也视为绘画作品。这并不奇怪。一方面，画家在需要时也会参加地图的绘制，如唐代著名画家阎立本等同时也是地图学专家，宋代画院里也有很多画工都参与了国家组织的地图绘制。另一方面，地图的绘制方法也会自觉不自觉地借鉴绘画艺术。特别是自南北朝山水画滋生后，融入了以山水画美学风格的写实性地图也随之发展起来。这种以风景名胜为对象的景观地理图或写真图，介于普通地理图与山水画之间，在中国地图学中开辟出一个以审美为核心的地图分支。如刻绘于南宋咸淳四年（1268 年）《临安志》中所附的《西湖图》，以中国

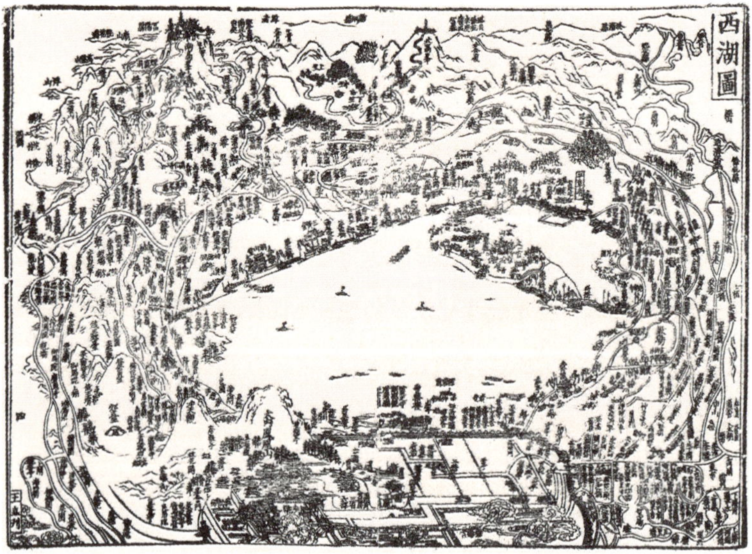

[咸淳]《临安志》中的西湖图

画鸟瞰的视角和写实的手法，将西湖周边的人文景观和自然风光巧妙地浓缩于地图上，直观易读且具有强烈的艺术感染力。再如清代周洽、李含渼绘制的《黄河图》，也是具有代表性的中国山水写实地图的珍品，具有极高的艺术价值和审美情趣。

这类亦地图亦绘画的作品，不仅融入了中国传统山水画的绘制技法，并在一定程度上强调图中所蕴含的意境之美；有的还在地图注记及辅助要素中采用多种书法字体，甚至加盖印章，形成字画一体；在色彩运用上，也明显地追求淡雅别致的内敛风格。这类作品在科学性的基础上更富有艺术性，既可作为地图使用，也可视为绘画艺术，在中华传统文化中散发着独特的艺术魅力。

第三节 城池的产生与完善

对城池的争夺，是古代战争中的重要内容。城池既是军事防御的堡垒，也是战争攻夺的目标。古代战争中有很多战役，实际上就是以破城和守城为中心而展开的。因此，城池是古代抗击外敌入侵的重要防御体系，对于保卫国家和城市都发挥着巨大的作用。

城池作为古代城市的代称，在字面意义上是由两部分组成的。“城”是指城墙，“池”是指城壕。位于战略要地或是作为政治、经济中心的城池，往往不是一重城。《管子·度地篇》中说：“内之为城，城外之为郭。”《孟子》一书中也有“三里之城，七里之郭”的说法，“郭”就是外城。而历代的都城，大多除了外城、内城，还有皇城、宫城等多重城。因为筑城的时候必须要用大量的泥土，所以同时就会挖掘出城外的城壕。城壕中一般都要引入河水或城中排出的雨水，所以又叫护城河。但有的城池，由于地理环境原因无水可注，就只能是一道无水的深壕，古代称为“隍”。《周易·泰卦》中说：“城复于隍，勿用师。”意思是说，城墙倒在护城壕里，不可出兵作战。所以，城隍的最初含义接近于城池，但后来又逐渐成为护城之神的名称。历史上首次城隍神显灵护城的记载，出现在南北朝时期，跟战争有关。《北齐书·慕容俨传》称，555 年，北齐的慕容俨镇守郢城，被南朝梁军包围，梁军用水草截断了郢城的水路供应，城内士兵一齐向城隍神祈请保佑，不一会儿，水上风起涛涌，冲开了水草阻塞。此后，城隍神开始广受祭祀，唐代起城隍神信仰渐盛，宋代起城隍神祭祀被列入国家级祀典，到明清时，城隍庙已遍布全国了。

中国有着悠久的筑城历史。《淮南子·原道训》中说：

"黄帝始立城邑以居。"《汉书·食货志》中把中国筑城的年代推得更远："神农之教曰，有石城十仞，汤池百步。"这些记载虽然可能有推测的成分，但考古发掘发现，早在原始社会末期，中国大地上就已出现了筑城的雏形——环壕和围墙，还发现了五帝时期的近30座古城堡遗址，主要分布在战争多发的黄河中游平原地区、下游山东地区和长江上游成都地区、中游江汉地区。这些古城堡，最早的建造于黄帝之前的神农时期，在时间上与古籍记载基本一致，在建筑材料和方法上多为泥土堆筑或夯土板筑。

以土为城墙的墙体，是中国古代曾长期存在的城墙建筑形式，直到三国两晋南北朝时期才开始发生少许变化。在夏、商两代，由于生产力水平不高，只有掌握了国家政权的王族，以及实力强大的方国，才有力量构筑较牢固的真正城池。一般氏族和小方国，不仅无力进攻有城池的大国和中央王族，也无力构筑城池，仅能构筑壕沟、围墙或树栅等障碍性工事，以防止其他氏族、方国为掠夺人畜财物而实施的突袭。但即使真正的城池也不太大。据《周礼·考工记》称，西周时，周王的都城也才"方九里"。《左传·隐公元年》也说，各诸侯国的国都，"大都，不过叁国之一，中，五之一，小，九之一"。西周王朝允许被分封的诸侯们在各自国都营建城池，但为了加强礼制，对各诸侯的都城按爵位大小做出了严格规定：爵位高、封地大的诸侯国，国都不能超过周王都城的三分之一，小诸侯国的不能超过九分之一，中间级别的不能超过五分之一。周王朝为了把各诸侯国的国都以及分散于各地的军事据点联系起来，确保交通畅通，便于传递军情、调动军队，又以王都为中心，向四面八方构筑了许多条以军用为主的国家级道路，称为“周道”，又称“周行”。这就使中国古代的城池，从各自独立的点式格局，发展成了联系紧密的网络体系。

进入春秋时期，周王室衰微，诸侯兼并，大国争霸。各诸侯国为加强自身的生存能力，竞相构筑或增修城池。不仅如此，各大国的卿、大夫等，也纷纷在自己的采邑构筑城池，于是掀起了大规模构筑、增筑城池的高潮。西周王室所规定的各种礼制也被废弃，各诸侯国只是按照自己的需要和能力，来修建城池。又由于各诸侯国间攻伐不断以及兵器的不断改进和发展，城池在防御设施方面有了很大的改善。比如，城墙上开始出现了堞和角楼。堞，就是在城墙顶部靠向城外一侧的土墙，可以遮蔽守军的城上行动和进攻者的箭矢，后来被称为女墙。城墙的四角，是城墙的突出部分，最易两面受敌，所以就在上面修建了高台工事，也就是角楼。再如城门，由于城门是城池的薄弱部位，也是进攻者的主要攻击目标，所以城门就成了城池中的重点设防之处。首先，

古代城门外的瓮城

增设了悬门。悬门是一种用辘轳及滑轮等机关操纵升降的木板门，置于门道中部作为第二重门，备于城门被攻破时使用。其次，增筑了瓮城。瓮城也叫月城，是在城门外面增修的一道小城，既便于在来敌攻打瓮城时就投入作战，又便于将攻入瓮城之敌聚而歼之。第三，增修了城楼。有了城楼后，便于在城门顶驻屯卫兵，并在来敌进攻时，从城门正上方向下投石放箭，杀伤攻门敌军；第四，改建了吊桥。最早人们挖掘城壕时，会留下正对城门的一段不挖，以便出入。随着战争增多与加剧，人们将整个城壕挖通，并在壕上架起吊桥以根据需要收放。

战国时期，战争进一步频繁，在社会经济和社会制度急剧变化的影响下，武器装备、军事制度等方面都有了较大发展，古代城池在各方面也有了突飞猛进的变化。城池的面积普遍较以前有所扩大，而且城墙的厚度和高度也都比春秋时期有所增加。在城墙顶部，内外两侧均筑有女墙，外侧女墙较高，开有射孔，墙上筑有垛口。在外侧女墙之内，每隔一段距离，建有土楼一座和木横墙一道。若敌人登上城顶，土楼可用于据守，木横墙（即隔栈）可用以阻止敌人向两翼扩张。在外侧女墙之外，每隔一段距离，又修建一座突出于墙外的木楼，它不但可用以消灭城下死角，而且当敌军以密集队形攻城时，守军可据此楼对爬城之敌实施交叉侧射，使城墙由单纯正面防御变为有翼侧掩护的三面防御。这是后来城墙构筑“马面”的滥觞。在内侧女墙上，每隔一段距离，也修有一座突出于墙外的木楼，也就是立楼，以备同突入城内之敌战斗时，消灭城墙内侧下的死角。城上还备有蒺藜等移动性障碍物，可在战斗时侍机撒布。在城墙的四角以及城门顶部，筑有土木结构的敌楼。城门共有两重：门洞前部装有两扇木质大门，门洞中部另建一道可操纵升降的悬门。城上门楼中，放置若干贮水容器及灭火用具。在城外距门不远处，挖有一道深壕作为陷阱，上设“转关桥”，拉动机关，可令桥身木桦伸缩，使踏上桥面之敌翻跌壕中。在城墙外侧墙根一带，环城设置五行高出地面的尖头木桩，交错埋设。在尖头木桩障碍带外，又设置一道鹿砦似的障碍，以层层阻敌接近城墙。再往外侧的护城河中，河底插有密布的竹签桩，隐于水面之下。正对着城门之处设有起落吊桥。城墙外凡远射兵器射程之内的地区，平毁一切高物，以扫清射界、视界。并在城外较远处设有警戒线，或依据地形特点筑建小据点，也就是“亭”，派兵防守，既可迟滞敌军，又可起到预警作用。可以说，到战国时期，城池的防御建设已经较为成熟了。

因此，从秦汉至隋唐时期，虽然武器装备因为钢铁的生产扩大和广泛应用有了很大的进步，但由于以密集战斗队形、持冷兵器从事战斗的基本作战方式并未发生质的变化，城池的修筑仍然是在战国时期已有的基础上，进一步的改进、补充和完善。

经过秦汉两代的发展，到三国两晋南北朝时期，中国的城池已经较普遍地修筑有城堞、瓮城、角楼和城楼等防御构造了。同时，也较普遍的利用自然高地，或是通过修建夯土高台，继承战国时期就已在部分都城中出现的做法——在城内构筑可以控制全城的高台工程。例如曹操所建的邺城，就在城墙的西北角，建有金虎台、铜雀台和冰井台，三台相通，可以俯观全城。此外，邺城在城内布局上，将帝王居住区宫苑集中于城区北部，而把南部城区划分为一个个的居民里。这种等级区别明显的布局，为后世历代都城所继承，相沿成为定式，在中国城市发展史上具有划时代的意义。220年，曹丕称帝建魏，在洛阳废墟上建起新的国都。新国都的城墙上，均筑有马面墙台。马面墙台的形状和作用都类似于战国时期建于城墙外侧女墙之外的木楼，但马面是与墙体同样夯筑而成的，长方形，面积大小不等，因貌似马脸探出于城墙墙面而得名。在此前后，在城墙上修建马面墙台开始逐渐普遍。493年，北魏孝文帝迁都到洛阳后，对都城的城墙进行了整修，用砖修补加固了已塌毁的马面墙台。将砖用在城墙的修筑中，正是从两晋南北朝时期开始的，但还只是局部使用。这一时期，还有一个特殊的现象，就是出现了用“三合土”夯筑的城墙。城址在今天陕西靖边县北部，当时是北朝十六国之一的夏政权的都城统万城。统万城是匈奴族首领赫连勃勃建立大夏后于413年下令建造的。三合土即粘土、砂粒和石灰。用三合土建造的城墙呈苍白色，夯层清晰，规整致密，如石砌砖叠一样的整齐。据《晋书·赫连勃勃载记》说，建城时“乃蒸土筑城，锥入一寸，即杀作者而并筑之”。因为生石灰加水后变成熟石灰的过程中，会释放大量热气，蒸雾冲腾，所以称“蒸土筑城”。该城后来虽屡遭破坏，又经过1500余年鄂尔多斯草原劲烈强风的侵蚀，但迄今犹保持着当年的雄伟风貌。这座三合土筑就的城池，在中国古代军事工程史上，不仅是创举，并且在后世也十分罕见。

两晋南北朝时，之所以在城墙上开始用砖，主要是攻城兵器发展所致，特别是当时大型强弩的威力已极为可观，对夯土城墙的破坏力明显增大。到唐代时，李世民在长安修建大明宫，虽然城墙仍由夯土筑成，但在城门附近及城墙转角这些最易受到攻击之处，墙体的内外两侧都包了一层青砖。等到唐代修建洛阳城时，由于正值国力强盛，就将洛阳宫城和皇城的全部城墙都用青砖包砌了。不过，城墙包砖的做法在唐代并不普及。甚至到了宋代，都城汴京也仍然是在城门和城墙转角处包了砖。明代初期修建北京城时，虽然城墙全部包了砖，但最初只限于城墙外侧，后来才增包了内侧。直至明代中期，内外都包砖的城墙才开始普及。

从宋代开始，虽然仍以冷兵器为主，但火器已开始发挥威力，特别是爆炸类火器在攻城时的广泛使用，推动着宋代开始在城池的形制和规模等方面发生变化，如城墙由低薄到高厚，护城河由窄变宽，城门和城墙上的防御设施也更加完备。元代入主中原后，蒙古人更重视骑兵强大的远战和袭击能力，对筑城投入甚少，其国都大都的城墙是用土夯筑而成的。到了明代，由于生产力的发展，冶炼业和手工业发达，特别是爆炸性火器的不断改进，增加了其破坏力、杀伤力和攻城能力，火器已开始逐步取代冷兵器。明代初年，朱元璋听从朱升“高筑墙，广积粮”的建议，高度重视城池的构筑。为增强对火器的防御能力，先后建造起城高池深、规模宏大的南京城和山海关、居庸关、嘉峪关等雄关重镇。朱棣即位后，又大建北京城。以此为开端，明代在旧有城池基础上，普遍改建和增筑了全国范围内的城池。这些城池多用整齐的条石、块石和特制的大城砖包砌，以花岗石和条石做墙基，并从军事需要出发，追求防御设计的多层次、大纵深。明代所修筑的府、州、县以上级别的重要城池多达1500余座，形成了中国古代史上修建城池的最高峰。其中，尤以北京、南京为突出代表。北京城吸取了中国历代都城构筑的优点，不仅规模宏伟，而且防御组织完善、战斗设施齐全、工程构筑坚固，堪称历代城池设防工程的典型。南京城也从便于防守作战的实际出发，充分利用山川、江河及湖泊等自然屏障，创造性地构筑出典型的不规则城制形式，以四城三池多道大纵深的筑城防线，构成了工程设施完善且严密的城池体系，成为中国古代筑城鼎盛时期的标志。其筑城技术已达到当时世界第一流的先进水平。清代时，清廷自恃八旗兵冲杀力强大，并不重视城池修筑，在平定南方和扩大疆域过程中，也多利用以众击寡的优势。况且，此时火器发展迅猛，城池的防御能力已大不如前，因此大建城池的国家行为也就少见了。为抵御外敌，直到嘉庆年间才在沿海逐步增筑了炮台式要塞，其他的少有发展。

中国古代城池，从根本上说，都是为了保存自己的防御性建筑，其选址一般要满足三个重要条件：第一要防水、排水、供水方便；第二要尽量物产丰富、容易获得给养；第三要居于有利于战略的地理位置。同时，古代城池又寄寓着古人的民族精神和文化认同，兼具实用有利和精神象征的双重特点。中国古代城池都是古人智慧的结晶，也是中华文明中的宝贵财富，充分体现着中国传统文化最精华的一面，有着不可替代的文化价值和民族价值，既留给了世界以历史的见证和深思，又留给了人类以文化的继承和发展。

第四节　长城修建史

长城是中国古代巨型的军事防御工程，由绵亘的城墙与关隘、敌台、城堡、烽火台等组成，是中国建筑史乃至人类建筑史上的一项奇迹。说到长城，人们最容易想到的就是孟姜女的故事。孟姜女庙现位于山海关附近，留有清代几位皇帝的题词。孟姜女的形象，是由《左传·襄公二十三年》中记载的齐国武将杞梁妻演化出来的，到唐代后才形成了一系列千里寻夫、哭倒长城的故事。但传说中她哭倒的是秦长城，而山海关属于明长城，两道长城并非一物。也就是说，长城是有时间性的，中国历史上的长城远不止一条。

中国史籍中关于长城的记载，最早见于《左传·僖公四年》中的“楚国方城以为城，汉水以为池”。“方城”就是春秋时期楚国所筑的长城，全长近1000里，用以守卫楚国北方的国境，防御秦、晋、齐等诸侯国的进攻。此后，齐、魏、燕、赵、秦等诸侯国为保卫各自领土，也相继修筑起了长城。这些长城，大多因地制宜，尽可能地利用山、河等天然地理优势。在构筑方法上，大多取土夯筑，也有的是采石砌筑，或利用天然阻障稍加人工修整而成。秦始皇统一六国后，一方面拆除了春秋战国时期内地各诸侯国之间互相防御的长城；另一方面，为了防御北方匈奴等少数民族的南侵，又于公元前215年起将秦、赵、燕三国的北边长城予以修缮和连接，筑起一条西起临洮（今甘肃岷县）、北傍阴山、东至辽东、止于今朝鲜境内清川江畔的万里长城。汉代时，为了进一步防范北方匈奴的侵扰，从汉武帝时开始，又在秦长城的基础上进行了大规模的重修和增筑。增筑的主要是西长城和外长城。其中西长城向西经过玉门关，直至今天的罗布泊西侧，即汉代的楼兰；外长城则分布在今天内蒙古的西部和蒙古国的南部。汉长城不仅可凭之抗击匈奴，而且对保护通往西域的重要干道也起到重要作用。

汉代灭亡后，两晋南北朝时期的北魏、东魏、北齐、北周等为抵御北方的柔然、契丹、突厥等族进攻，也曾修建过长城。甚至到了隋代统一后，为防备突厥、契丹、吐谷浑的侵扰，也同样在北方增修过长城。宋代时，燕云十六州未能收回，北方大片领土落于辽、金之手，宋廷已无从管控长城的重要地段。辽、金也投入了修筑长城的行列。其中，金国修筑的长城规模仅排在秦、汉和后来的明代之后。但金长城并非是砖石垒砌的墙垣，而是就地挖开壕沟，再利用挖出的土方夯筑成防御墙，所以又称为“界壕”，其主要目的是想通过深堑阻挡蒙古骑兵。金长城一共有三条，分为北、中、南三条界壕。金长城的墙体虽然是夯土砌筑的，但墙体外侧的壕沟却如同增加了一道护城河，加之在重要地段筑有双墙、双壕，形成外壕、副墙、内壕、主墙并置的布局，而且主墙外侧增筑马面、烽燧，内侧设有关城、边堡戍守，并在长城沿线设有西北、西南、临潢、东北四路招讨使，它的防御功能进一步增强了。金长城墙壕并列的方式有利于阻挡敌方骑兵，墙体增加马面加强了防御功能，沿墙密布的戍堡有利于就近驻防和相互支援，而掘壕筑墙也更加省工省料。金长城的这些优点，后来有很大部分被明代长城所采纳。

明代修筑长城的目的主要是为了防御鞑靼、瓦剌等北方少数民族的侵扰。为此，自洪武至万历年间，明代先后修筑长城 18 次，历时 200 余年。明代名将徐达和戚继光等都曾参与过居庸关到山海关等段长城的修建。最终形成的西起嘉峪关、东抵鸭绿江畔的明长城，全长超过了7300千米。其中从嘉峪关至山海关一段尤为坚固，至今仍能看到的居庸关、八达岭、古北口、山海关、嘉峪关、雁门关等遗址，主要是明代所修筑的。从地理位置上来说，明长城整体上比秦长城向南移动了1千米至3千米不等。因此，今天站在明长城遗址前，说它已有2000多年的历史并不科学，说山海关的某段城墙是孟姜女哭倒的，也属无稽之谈。

明长城和秦长城不仅绝大部分地理位置不同，二者的修筑用料与方法也不相同。秦长城，在黄土地带多用夯土版筑，在沙漠地带用沙砾与红柳或芦苇分层压叠，在多石的地带则垒石为墙或用木石混合建造。而明长城则不同，它大部分采用砖石或内夯土外包砖石结构。这些砖石墙包括条石面墙、块石面墙或砖面墙，甚至有的墙段用的是大理石，其牢固性远非秦长城的土墙可比。为与秦长城相区别，明代时并不将这一雄伟建筑称为长城，而是称之为“边墙”。

明长城不仅修建时间长，城墙更加坚固，而且其设计之精巧、布局之合理、结构之完善，也远超历史上的其他朝代。它在防御体系和建筑技术等方面都达到了新的高峰。在险关要塞，修建得益加精心，特别是居庸关、山海关、雁门关等处修筑了好几重城墙，多的有20多重。并且沿着长城一线，在长城与各重点州、县以及都城之间，通过合理建设城堡与烽火台，将其联结成有机的整体，形成一个一处有事、八方呼应的军事防御体系。同时，为了便于经常性的修缮，落实防务责任和及时的兵力调动，长城沿线被划分成辽东镇、蓟镇、宣府镇、大同镇、太原镇、延绥镇、宁夏镇、固原镇、甘肃镇共 9 个防守区，即“九镇”。由于明代称长城为“边墙”，所以这“九镇”又称“九边”。镇下又设有路和关，沿线设有镇城、路城、卫城、关城、堡城、敌台、烽燧等不同等级、不同形式、不同用途的机构，形成了完善的分段修筑、分段管理、分段防守的制度，而且战斗生活设施齐备，后勤供应也得到了有效保障。

明长城非常牢固与完善，甚至到了清代，也只须稍加修缮，不必再新增新建，并成为清代统治者对各民族宣传怀柔政策的资本。据《清圣祖实录》记载，康熙三十年（1691年）五月，古北口总兵蔡元提议要修复长城，康熙帝指责蔡元“未谙事宜”，并称：“明末我太祖统大兵长驱直入，诸路瓦解，皆莫敢当。可见守国之道，惟在修德安民，民心悦，则邦本得，而边境自固。所谓众志成城者是也。如古北喜峰口一带朕皆巡阅，概多损坏。今欲修之，兴工劳役岂能无害百姓？且长城延袤数千里，养兵几何方能分守？”同年八月，康熙巡幸北方时，又一次就长城问题对臣下们说：

“昔秦兴土石之工，修筑长城。我朝施恩于喀尔喀，使之防备朔方，较长城更为坚固也。”喀尔喀是漠北蒙古的一个部落，康熙帝通过怀柔性的政治安抚，争取他族归附无疑是上策，但也在是借机宣传修德安民胜于兴工劳役的“圣德”。因为清代的疆土已远跨长城内外，长城已不再是北部的边界，同时，明代坚固的长城只要略加修缮，就仍可资军事防御之用。再者，随着火器的不断进步与广泛使用，长城的防御作用正在逐渐减弱。而在事实上，清代并没有放弃使用长城，从努尔哈赤到光绪帝都曾对旧有长城进行过修缮，只是没再增建新的长城。

历史上没有增建新长城的并非只有清代。元代也没有增建。元代同样疆域跨越长城内外，并且它的势力是从长城以外向长城以内席卷，没有必要再建长城阻止自己的南下步伐，或者阻断自己的北上之路。元代定都于大都后，也曾对都城北部的要塞居庸关进行大规模的修筑。历史上另两个没有增建过新长城的是唐代和宋代。宋代因为长城的主体地带落于辽、金之手，仅在北宋初由潘美等人在雁门一带修筑了部分城堡。唐代没有增建新长城，也是由于其疆域广大，其北部已抵贝加尔湖和叶尼塞河上游，东北部到了外兴安岭以北和鄂霍次克海，再修筑长城只能阻挡自己。据《资治通鉴》载，贞观二年（628年）九月，突厥来犯，有朝臣请修长城，李世民说："朕方为公扫清沙漠，安用劳民远修障塞乎！"也就是说，国家安全靠的是扫清塞外之敌，而不是修墙防御，如果想通过征伐和怀柔让远方臣服，修建长城只能是通过劳民伤财来建造妨害自己扫清沙漠的阻障。为了让远方臣服，李世民除征伐之外，还注意安抚收拢各少数民族，允许他们在一些特殊的行政区拥有部分自治权。这在后来发展为唐代的"羁縻府州"。贞观十五年（641 年）冬，因李勣在并州 16 年，令行禁止，民夷怀服，李世民夸奖说："隋炀帝劳百姓，筑长城以备突厥，卒无所益。朕唯置李勣于晋阳而边尘不惊，其为长城，岂不壮哉！"意思是，隋炀帝劳民建长城来防范突厥，最终并没起到什么作用，而李勣被任命于晋阳，却能保证边境地区秋毫无犯，李勣才是壮伟的长城！真正能起军事防御作用的，是人才，这才是真正意义上的长城。

李世民的这类话，自唐以后，常被人拿来说明长城并没有实际作用。这是有失偏颇的。长城在中国古代军事防御中的作用，是不可否认的。不然，也不会在长达 2000 年的时间内，多个民族都投入长城的修建中去。长城的确不会在根本上阻止其他民族越过长城南下，但它所起到的军事防御作用却会产生极大的影响。《汉书 · 晁错传》中记载，晁错曾说过，北方民族入境侵扰，"不救，则边民绝望而有降敌之心。救之，少发则不足，多发，远县才至，则胡又已去。聚而不罢，为费甚大，罢之，则胡复入。如此连年，则中国贫苦而民不安矣”。修筑长城后，由于长城沿线重兵密布，关城相连，烽火畅通，不仅可以阻止、抗击较少的北方少数民族武装内侵，而且在对方出动大兵团来攻时，也可以消耗、迟滞对方，并且能够迅速掌握其入侵地点，赢取时间，调集援军，保障纵深主力集中和展开，从而粉碎对方速战速决的企图；同时，在对外出击时，长城还可起到进攻出发阵地及后方保障基地的作用。

从长城的选址可以看出，长城实际上是中国历史上在民族交界和交汇地区不得已而为之的特有建筑，主要分布在北方半干旱地区向半湿润地区的过渡地带。这里的降水量在 200 毫米到 400 毫米之间，两侧分别是中国典型的游牧区和农耕区。长城在经济上主要是为保护农耕区而建的。它的位置会随着两侧民族军事实力的消长而发生南北移动。西汉时，中原王朝实力强大，故而长城北进西拓；明代时实力积弱，所筑的长城也就明显偏南。尽管长城的位置会发生移动，但一经修筑，就会形成人为的地域边界。这种人为边界，虽然表面上阻断了两种经济文化的激烈碰撞，但实质上会以更温和的方式促进双方经济文化的交流与融合。一方面，伴随着长城修筑和防守的需要，通过屯田、移民等方式，大量人口从内地迁移到原本荒凉的长城边缘，不仅使各地各民族的生产和生活方式在长城地带交汇、碰撞、融合，同时也推动着长城两侧不同民族之间的经济和文化交流，如官方或民间的绢马贸易和茶马互市长期存在于长城地区。另一方面，长城的修筑可令两侧民族在出现剧烈的军事冲突时，形成一种暂时的均势和缓冲，使双方得以冷静地看待、学习和借鉴对方，从而实现各自一定程度上的文化融合和发展，使得长城沿线的关隘重镇，如敦煌、大同、山海关等，在历史上成为民族文化交流、融合、发展与传播的中心。所以，长城不仅是历史上不同民族和文化矛盾和冲突的产物，更是各民族和不同文化交流、融合与发展的见证。

此外，长城作为中国历史上伟大的防御性军事工程，在大多数人眼中，它一直都是可以保卫国家安全稳定、保障人民生活和平的象征性建筑。只有在安定与和平的前提下，各民族才能更好地发展生产、繁荣经济和文化。在今天来说，长城也不单纯是世界著名的古建筑，更为重要的是，它代表了中华民族的历史、文化和精神，不仅体现着中华民族的智慧和勤劳，而且也表明了中华民族爱好和平的美好愿望和坚强不屈的伟大意志。

第七章

兵书文献

中国古代战争频繁，而历代总结战争经验、指导战争实践的兵书更是卷帙浩繁。兵书是对中国古代军事著作的统称，具体是指清代灭亡（或者说1911年辛亥革命）以前，历代由中国人著述的军事著作。

兵书的概念有三个特性：一是专业性，诸子百家的著述以及历代史料中，记载和论及古代战争、古代军事的书籍不计其数，但大多不能称为兵书，兵书是指专门的军事著作；二是时限性，兵书是对清代（含）以前军事著作的称法，辛亥革命以后直至当代仍不断有军事论著出现，但一般都直称其为军事著作或军事图书，不再称为兵书；三是国别性，兵书是指由中国人原创或中国人在本国原创基础上整理、编创的古代著作，外国的古典军事著作，以及清代后期大量翻译的外国军事著作不能称为兵书。

兵书虽在历史中饱经战火焚灭和多次政府禁毁，但历代仍有不断的整理和创作。1933 年南京军用图书社印行、由当时训练总监部军学编译处编辑陆达节编写的《历代兵书目录》，共收录历代兵书书目 1304 部，仍存世者 288 部。解放军出版社 1988 年出版的《中国兵书知见录》中，收录历代兵书书目 3380 部，其中存世者 2308 部。这一目录因将同一部书的不同版本均作为不同兵书处理，并将民国以后直至当代的兵书研究著作也计算在内，数据明显偏大。后《中国兵书集成》编委会根据《中国兵书知见录》，在全国范围内进行调查、核实和考证，最终发现国内（除台湾省）现存传世兵书 380 余种，其中具有重要价值者 280 余种。另据部分学者推测，包括散佚在海外和中国民间的收藏，现今存世的兵书应在 500 部左右。

历代兵书中所蕴含的内容博大精深，书中所体现的战争观、战争指导原则、作战方法、军事人才培养和国防建设等诸多理论，共同构成了中国古代军事思想的内容。中国古代军事思想源远流长，异彩纷呈，不仅是中国古代哲学思想的重要组成部分，而且在世界军事思想发展史上，也具有着杰出地位。它是血染的理论财富，体现着古人的军事智慧，是中华民族灿烂的文化遗产。

第一节 兵书的起源与发展

《水浒传》中有位神女，曾两次显灵，拯救宋江于危难之中。一次是在还道村，并授给宋江“三卷天书”；一次是在宋江领兵破辽时，在宋江危急时刻传授了破“混天象阵”之法。这位神女就是九天玄女，在《平妖传》《女仙外史》《薛仁贵征东》等其他明清小说中也曾出现过，她的身份经常是掌管兵法天书、在战场上保佑作战英雄之神。她之所以能拥有这个身份，是由于大约自隋唐时期开始，出现了多部假托玄女之名的兵书，如《隋书》中记载的《玄女战经》《黄帝问玄女兵法》，《宋史》中记录的《九天玄女孤虚法》《玄女遁甲经》《玄女厌阵法》等。这些兵书假托玄女之名的原因，《黄帝问玄女兵法》中说得很清楚：“黄帝与蚩尤九战九不胜”，然后遇到了玄女，请教“万战万胜、万隐万匿”之法，“遂得战法焉”。也就是说，玄女是黄帝兵法上的老师。自西汉以来，就有兵书始于炎黄之说，《汉书·艺文志》中著录兵书有53家共790篇，其中有神农兵法1篇、黄帝16篇。黄帝的4名臣子也各留有兵法：封胡5篇，风后13篇，力牧15篇，鬼容区3篇。因此，到唐代时，梅尧臣仍在说：“兵家之法皆始自黄帝。”在这一背景下，假托黄帝的老师九天玄女所创的兵法，当然就更有吸引力了。

但无论是神农、黄帝、黄帝的4名臣子以及九天玄女，都不可能留下兵书，因为不仅这些人都是远古传说中的人物，而且当时尚无文字出现，就更不可能有兵书留下来了。

现今发现有关战争和军事的文字内容，早在商代的甲骨文和青铜器上就有零星的记录，但当时还没有出现系统性的总结。商代只是兵书发展的萌芽阶段。直到西周时期《军志》《军政》的出现，才标志着兵书的诞生。可惜这两部兵书并未流传至今，只在《左传》等书中留下了部分段落和语句。《史记·留侯世家》中载，张良曾在圯上老人黄石公处得到《太公兵法》一部。现传世的《太公兵法》，又称《太公六韬》，即后来《武经七书》中的《六韬》，虽署名为周初吕望（即吕尚、姜子牙、姜太公）著，但此书并非西周时作品，普遍认为是战国时期的著作。三国时起，又有人认为，张良得到的那本兵书是《三略》，又称《黄石公三略》，作者是黄石公或姜太公，但一般认为，《三略》至早产生于西汉末期，不可能是上述二人所著。因而，虽然姜太公有时也被称为“兵家始祖”，但署名姜太公的兵书都是后人假托的，并非真正的西周兵书。

西周虽然没有完整的兵书流传下来，但它为后世的兵书成熟和发展奠基了基础。到了中国历史上大动荡、大变革的春秋战国时期，频繁的战争为人们认识战争、总结战争提供了实践基础，而且各诸侯国分立，各国国君为取得兼并战争的胜利而求贤若渴，礼待士人，学术的发展获得了空前的自由，各派各家可以穿梭于诸侯之间，用则留，不用则去，畅所欲言，百家争鸣。于是，各种军事学术观点互相碰撞，各种兵学流派竞相著书立说。甚至兵家之外的其他学派也无不言兵。因此，春秋战国时期的兵书数量空前，在质量上也达到了高点，兵书发展迅速进入了成熟期。其中，《孙子兵法》的出现标志着兵书的成熟，并为后人竖起了一座几乎不可逾越的高峰。紧接着，《吴子兵法》《司马法》《尉缭子》《六韬》《孙膑兵法》等高质量兵书的集中涌现，则标志着兵书发展高潮的到来。宋代刊行的《武经七书》，在宋之前的所有兵书中择选出7部经典之作，把它们定为武学必读的教科书。其中竟有5部产生于春秋战国时期，就可说明这一时期兵书的成就之高。《武经七书》没有收录《孙膑兵法》，是由于这部同样伟大的兵书在汉代以后就佚亡了，直到1972年才在山东银雀山汉墓中出土，重见天日。

兵书在春秋战国时期的高度发展，既与当时的社会经济、政治和军事的变革息息相关，也离不开当时各诸侯国统治者的军事需求和政治支持。但兵书毕竟传授的是用兵之道，就像军队一样，历代统治者都希望把它牢牢地掌握在自己手里，同时又担心反对自己的人拥有它。一旦进入相对统一和和平的时期，兵书的发展就必然会受到钳制。

最先对兵书大开杀戒的是秦始皇。秦始皇统一六国后，先是全面收缴了民间的兵器，熔铸为12个铜人，然后又下令焚毁民间藏书，只把一些重要书籍藏入国库，列为国家专有。汉代继续对春秋战国时的学术思想进行清算，提出“罢黜百家，独尊儒术”，虽然也对兵书进行了整理，却采用秘藏不宣的方法，将其束之高阁。东汉末年至南北朝，虽然中国再次进入战乱频仍时期，但由于缺乏学术争鸣的空气，论兵者寥寥无几，新撰兵书不多。隋统一后很快进入唐代，国家进入繁荣时期，文学得到大发展，军事理论却没有得到足够的重视。因此从秦汉到唐代这1000多年的时间里，兵书发展缓慢，建树有限，虽然也出现了《三略》《太白阴经》等少数有创见的兵书，但其他大多数兵书都是对《孙子兵法》《司马法》《六韬》等旧有兵书的注释性和评述性的书籍，其思想理论成就远不能与原著相媲美。

兵书的低迷发展状况直到北宋中期才得以扭转。北宋建立之初，为防止军人拥兵自重，朝廷采取多方措施收夺将领兵权，并在学术上重文轻武，将兵书列为禁书。然而，此时辽与西夏正在北方崛起，宋军在与其作战中屡吃败仗，宋廷终于开始对军事重视起来。在朝廷的带动下，兵书创作和论兵氛围都发生了变化，兵书发展在两宋时进入了复兴时期。宋仁宗第一次组织国家力量成立专门的书局，由丁度、曾公亮等带头编撰了中国历史上第一部大型的综合性兵书《武经总要》；宋神宗时，又建武学、设武举，敕命校订并颁定了中国历史上第一套军事丛书《武经七书》，雕版刊行；学者言兵、注释兵书蔚然成风，吉天保集宋时梅尧臣、张预等对《孙子兵法》的注释以及前代的成果于一体，编成了中国历史上第一部《孙子兵法》注释汇编《十一家注孙子》。此外，两宋时期还出现了中国历史上第一部军制史专著《历代兵制》、第一部名将专著《百将传》。其他较重要的兵书还有陈规的《守城录》、华岳的《翠微北征录》、何去非的《何博士备论》等。

两宋时期兵书的复兴，发展到明清两代，推动着兵书发展出现继春秋战国之后的第二次高潮，进入兴盛时期。促成这一结果的社会历史根源主要有两个方面：一是武器装备的发展和兵学思想的革新，对兵书的发展提出了新的要求。明清时期正处于冷兵器与火器并用，并进一步走向火器时代之时，火器的技术改进和逐渐推广，以及外国先进兵器的引进，都引起了军队编制、后勤供应、战略战术和作战指挥等方方面面的变化；兵学思想也随之发生变革，一批新型兵书也应运而生，如关于火器、火药的兵书，关于新战法、新军制的兵书等。二是战争频率的增高和战争类型的多样，为兵书的发展提供了新的土壤。明清两代不仅有国内统一战争、农民起义战争、争夺帝位的战争，还有明清之间汉族与其他少数民数之间的战争以及抗倭战争和雅克萨之战等中华民族反抗外族入侵的战争，这些战争不仅需要有更新的战争理论来指导，也为积累和总结新的战争经验奠定了基础。

因而，明清两代兵书数量骤增，种类繁杂，产生了一批质量很高的兵学著作，如阐述海江边防的专著、明代郑若曾的《筹海图编》，专讲训练的名著、明代戚继光的《练兵实纪》，讲火绳枪制造与使用的专著、明代赵士桢的《神器谱》，军事百科式的巨著、明代茅元仪的《武备志》，军事地理类的杰出作品、明末清初顾祖禹的《读史方舆纪要》，为抗击外国入侵而作的清代魏源的《海国图志》以及清末曾国藩、胡林翼、左宗棠、李鸿章等人用兵治军的新见解等。但其他多数兵书属于滥竽充数，质量平庸，很多就是对前代兵书的杂抄、辑录、增删甚至只是改换名字，还有一大批则是简单堆积式的丛书、类书、辑评、汇编等。

就明清时期的优秀兵书来说，其中从哲理高度来探讨战争和军事问题的也不多，大多讲的是具体的军事应用问题，虽然实用性明显增强了，但随着时过境迁，自身价值也大幅丧失了。到了清代末年，由于西方新式武器大量装备军队，军队的编制、战法以及军事思想等都发生了剧烈的变化，外国已经相对成熟的军事著作大量涌入中国，中国古代的兵书发展走向了衰落，新型的军事著作成为新形势下的战争指导书籍。

但兵书中的思想精华并没有消亡，反而仍在当今的现实中闪闪发光。这也是自古以来，兵书就受到人们高度重视的原因之一。在中国传统文化中，兵书甚至一直带着神秘主义的色彩。在古代小说中，经常有寻访名山异人获得石室秘典，甚至有神仙传授兵书的故事。而在中国文化典籍中，假托神仙和名人的著作中，也以兵书居多。如唐代的《太白阴经》，伪称是因“遇骊山老姥，指明秘要”才编撰而成；明代的《火龙神器阵法》，伪称是由仙人止止道人所秘授，等等。还有些兵书直接假托为历史名人所著，这些名人集中在上古时的黄帝、九天玄女、风后，周代的姜太公，秦汉时期的黄石公，三国时期的诸葛亮，唐代的李靖，明代的刘基等。只因为这些人物都具有一定的传奇色彩，而且也家喻户晓，所以才成为被假托的主要对象。同时为了渲染兵书中皆为神机妙算之策，有些兵书中还掺杂了大量阴阳五行的内容。但对待兵书，并不能因为它的作者是假托的，就直接将其视为毫无价值的伪书。这样的兵书，同样也是一定社会思想的表现，其中有些也或多或少地整理了被假托者的言论，在一定程度上反映了被假托者的思想。具体价值要根据兵书本身的内容来衡量。如虽然托名姜太公的《六韬》实际上出现于战国时期，托名黄石公的《三略》实际上出现于西汉末以后，托名诸葛亮的《将苑》可能为宋人所作，托名李靖的《李卫公问对》也是宋代才出现的，托名于刘基的《百战奇略》同样是宋人的作品，但就它们的内容来看，仍然都是了不起的经典兵书。

第二节　兵书的整理与分类

古代兵书不断发展，并能让一部分有价值的著作流传至今，离不开历代整理的功劳。中国历史上第一次由官府对兵书进行成规模的整理，出现在西汉。

西汉初年，由于秦始皇焚书和秦末战乱，天下图籍散乱。于是，西汉政府开始组织人力广泛搜集，进行整理，其中兵书的整理是由张良和韩信完成的。《汉书·艺文志·兵书略》记载："汉兴，张良、韩信序次兵法，凡百八十二家，删取要用，定著三十五家。"也就是说，两人搜集到的兵书，有182家，经过筛选删减，留下了35家。这是一次质量很高的兵书整理。因为整理者张良和韩信都是当时杰出的军事家，二人均参加过秦末楚汉之际的大量战争，有着十分丰富的实战经验，而且张良与韩信所学的兵法又分属不同派别，不会出现由于学识和主观价值取向的原因而厚此薄彼的现象。署名唐代李靖的《李卫公问对》中说："张良所学，太公六韬、三略是也；韩信所学，穰苴、孙武是也。"可惜的是，张、韩二人整理的这批兵书，没多久就被盗取流散。《汉书·艺文志·兵书略》中记载："诸吕用事而盗取之。"汉惠帝死后，吕太后称制，分封吕姓子弟，吕太后死后，诸吕用事擅权，想要作乱，盗取了张良、韩信所整理的兵书。因此，后来又有了汉武帝时杨仆和汉成帝时任宏对兵书的搜集和整理。

西汉时期第二次对兵书进行辑佚和整理的杨仆，也是一位屡经征战的将领：元鼎五年（前 112 年）因作为"楼船将军"征讨南越有功"封将梁侯"；元封元年（前 110 年）奉命征讨东越王，再获全胜；元封三年（前 108 年）又率军征伐朝鲜，但以失败告终，被"免为庶人"。杨仆对兵书的整理显然并不理想，《汉书·艺文志·兵书略》载，最终，他向汉武帝"纪奏兵录"，但"犹未能备"。因此，到了汉成帝时期，刘向、任宏、尹咸、李柱国等人再一次对"天下遗书"进行研究归类。其中，负责整理兵书的是曾担任过护军都尉、太仆、执金吾的任宏。整理的结果，在今天仍可在《汉书·艺文志·兵书略》中看到，共著录兵书53家，790篇，图43卷，比张良、韩信整理的成果多了18家。

《汉书·艺文志·兵书略》为后世兵书的发展做出了两大突出的贡献。第一大贡献是从《汉书》开始，大多正史中设立的《艺文志》或《经籍志》中都会留有兵书目录的记载。这些记载也是历代对传世兵书的整理结果。如《隋书·经籍志》中著录兵书133部、512卷；《旧唐书·经籍志》中著录45部、289卷；《新唐书·艺文志》中著录60部、319卷；《宋史·艺文志》中著录347部、1956卷；《明史·艺文志》中著录58部、1122卷；《清史稿·艺文志》中著录59部、238卷，加上《补录》中著录的53部、359卷，合计112部、597卷。

《汉书·艺文志·兵书略》的第二大贡献，是第一次在史书中采用了战国时期以来将兵书分为“兵权谋”“兵形势”“兵阴阳”“兵技巧”四大流派的做法。《汉书》中同时也对这四大流派进行了解释。权谋家兵书，主张“以正守国，以奇用兵，先计而后战，兼形势，包阴阳，用技巧者也”，也就是说，权谋家兵书讲求谋略，不仅包括治国守正、获得“人和”的内容，也兼顾、包容形势家、阴阳家、技巧家的一些做法，讲求的是战略性、综合性的战争艺术，代表作为《孙子兵法》《吴子兵法》等。形势家兵书，讲求“雷动风举，后发而先至，离合背乡，变化无常，以轻疾制敌者也”，如何利用地形地势，排兵布阵，巧妙变化，获得“地利”，重在战术方面的运用，代表作为《尉缭子》以及后世的各种阵法类兵书。阴阳家兵书，讲求“顺时而发，推刑德，随斗击，因五胜，假鬼神而为助者也”，根据自然界的时序星辰变化，利用天时、五行，甚至借助鬼神的力量，部署军事行动，是术数之学和阴阳五行说在军事上的运用；这类兵书包括《太一兵法》《兵书杂占历》等，大多价值不大，但运用好了可以提升士气。技巧家兵书，讲求“习手足，便器械，积机关，以立攻守之胜者也”，实际上就是教授军事训练和器械操演等内容的兵书，包括西汉时《剑道》《手博》以及后来层出不穷的各种枪法、刀法等。这种四大流派的分类法，到了唐宋时期仍然很流行。如《李卫公问对》中记载，李靖曾说道：“今世所传兵家者流，又分权谋、形势、阴阳、技巧四种。”

北宋时期，中国历史上再一次出现由官府组织对兵书进行的成规模整理。康定元年（1040 年），宋仁宗命曾公亮、丁度等广泛搜取前代军事资料及本朝的计谋方略，并博取历史上的经典战例以及各类兵器的制作工艺，花费 5 年时间，编成中国古代第一部百科全书式的大型兵书《武经总要》，正如宋仁宗在亲自所做的序言中所说：“凡军旅之政，讨伐之事，经籍所载，史册所记，祖尚仁义，次以钤略，至若本朝戡乱边防御侮计谋，咸用概举。”但这部书并非前代兵书的原本列编，而是融会贯通后的重新撰写。全书分前后两集共40卷，前集重点论述选将用兵、编队训练、行军阵法、侦察攻防、武器装备等基本原理和常识，以及边防各地的兵要地理等；后集重点介绍历代的各类战例以及阴阳星占等方面的内容。书中在营阵、器械部分附有大量插图，并留下了世界上最早的火药制作和使用方法，在军事文化史上具有极其重要的地位，但由于编写者都是文人，没有统兵作战经验，书中牵强附会甚至道听途说之处也较明显。此后，宋代还进行过多次兵书整理。熙宁五年（1072年），北宋对曾在庆历三年（1043年）仅运行了3个月的武学进行重建，并令其搜集诸家兵法，编纂教材。后从元丰三年（1080年）起，诏令国子监司业朱服主持，在武学博士何去非等人参与下，历经3年，对《孙子兵法》《吴子兵法》《六韬》《司马法》《三略》《尉缭子》和《李卫公问对》进行了校定，并颁定为《武经七书》，作为武学教学和武举考试的标准教材，雕版刊行。这是中国传世最早的兵学丛书。后世整理汇编的兵学丛书还有明代的《韬略世法》和《武书大全》，分别收录兵书19部和18部。

继《武经总要》之后，到了明代末年，又一部规模更大的军事百科全书式类书《武备志》诞生了。《武备志》并非官方整理，是作者茅元仪尽一人之力，历经15年，从前代2000多种兵家和术数之书中摘抄辑录而成。茅元仪自幼喜读兵书，有“奇策、剑术”，成年后长期在军中任职，而且主要是在辽东的明军抗清前线，曾担任经略辽东的兵部右侍郎杨镐的幕僚；崇祯二年（1629年）因在保卫京师的作战中立有战功而升为副总兵之职，后因获罪遭贬，忧愤而亡。《武备志》共辑录186个门类的资料，全书240卷，不仅资料齐全，对新武器、新技术的收录，更是其他兵书所不能及，单火器就收录有180多种。《武备志》分为5个部分：“兵诀评”选录经典兵书的部分内容并加以评点；“战略考”辑录了从春秋到元代的历史战例；“阵练制”记载西周至明代的各种阵图以及选士练兵的方法；“军资乘”辑录了各种有关军制、器械、战法、后勤等方面的资料；“占度载”搜集的是星占、五行、奇门、六壬等军中阴阳占卜之学。《武备志》是中国古代规模最大的军事百科全书式的大型兵书，为后世留下了十分珍贵的军事资料，在军事学术史上具有相当高的地位。但由于作者明确的反清立场以及清代对兵书的大肆查禁，《武备志》在乾隆年间被列为禁书。

而乾隆年间，编修《四库全书》时对兵书的搜集和审定，也是明清两代官府对兵书进行的最大规模的一次整理。然而，《四库全书》对兵书的整理过程，也是对兵书进行抽毁或销毁的过程，最终被收入《四库全书》的兵书仅有20部，另有47部存目，“存目”即只留下书名登记在案。

从宋代到明清时期，兵书经过复兴阶段进入全盛时期，特别是火器的出现和推广，使相应的兵书不仅数量不断增多，所涉内容也不断细化，兵书的分类也变得更加困难。当代的研究者们经过整理，大体将古代兵书分成15类：1. 兵法类，是指《孙子兵法》等有关战争指导理论方面的兵书，这类兵书也是兵书中最经典、最有生命力的一类；2. 阵法类，是设计和记述阵法、阵图的兵书，主要研究战术、行军、作战及驻扎队形等；3. 兵略类，是通过剖析战例来研究用兵方略的兵书，此类兵书产生于西晋之后；4. 训练类，是指类似于《纪效新书》和《练兵实纪》等专门阐述战术技术训练的兵书；5. 城防类，即关于城邑防御方法的兵书；6. 兵制类，是关于建制、军礼、军法等军事制度的兵书；7. 兵器类，即介绍兵器性能作用和制造方法之类的兵书；8. 乡兵团练类，记述乡兵组织和训练等方面的兵书；9. 军事地理类，从战争角度研究地理地形的兵书；10. 传记类，介绍名将经历以及战争实践的兵书；11. 后勤类，关于军队后勤保障的兵书；12. 综合类，介绍军事综合知识的兵书；13. 类书类，是分门别类辑录军事资料的兵书；14. 丛书类，就是将若干部兵书收录在一起，冠以总名或加以评论的兵书；15. 注评类，是指依托原兵书进行注释、评论的兵书。

兵书是古人留下的宝贵军事遗产，也是中华民族灿烂文化遗产的重要部分。对兵书进行整理和分类，同时也是对兵书进行去伪存真、去粗取精，对于保护军事文化遗产、丰富中华文化都有着重要的作用。

第三节　兵书与古代军事思想

中国古代军事思想，又称兵学思想，是中国古代对于战争、军队等一系列军事问题的理论认识，包括战争认识、战略主张、制胜方略、作战方法、治军原则以及国防观等非常广泛和深入的内容。古代军事思想能够留存下来，主要依赖三类资料：一是内容丰富、数量可观的兵书；二是各种史书文献中对历代军事史实及相关言论的记载；三是其他古代典籍、个人著作中有关军事问题的记载和论述。其中，兵书中体现出来的古代军事思想最为重要、最为关键，也最为系统、最为集中。

古代军事思想能够在兵书中系统、集中的体现，得益于中华民族文字记述传统中文化底蕴深厚、富有思辩性这一典型特征。很多经典兵书不仅文字优美，且哲理性强，谈古论今，气势磅礴；不仅见解独到、鞭辟入理，又经常有一览众山小的豪迈气概和纵横比联的系统思想，言兵却不限于言兵，而是将军事与政治、经济、人文、自然、心理、艺术等有关因素系于一起，以欲明兵法先明方略、欲明方略先明史事的全局观念，从哲学高度观察、评论和解释战争，形成了“舍事言理”论述军事问题的传统，具有较强的哲学思辩性、较高的理论概括性和宏观超前性等特点。这也是中国古代军事文化能够历久不衰、经远弥灿的一个重要原因。早在春秋时期开始，兵家就合理地杂取儒、墨、法、道各家之长，吸收其思维方式中的合理成分，运用哲学思维方法观察和解决军事问题。他们把朴素唯物论和朴素辩证法运用于军事领域，在战争观、作战方法与军事谋略等方面都提出了充满哲理与智慧的真知灼见。因而，兵家可以自成一家，兵学思想也成为中国传统哲学中的重要组成部分。

从中国古代军事思想的发展进程来看，兵书的萌芽和诞生时期，也是古代军事思想的初步形成期。在西周以前，由于人类对战争认识的局限性，经常以占卜、观察星象等方式来决定战争行动，并产生了以天命观为中心内容的战争指导思想。军队的治理主要以“礼”和“刑”为基础，“礼”适用贵族阶层和军事指挥官，讲究等级名份、上下有序；而对下级士兵的管理，主要靠“刑”来维持。这个阶段的甲骨文和青铜器上，有关军事活动的记载中，已出现一些总结性、结论性的语句，而在西周时期出现的《军志》《军政》等早期兵书，则是中国古代军事思想形成的重要标志。

春秋战国时期既是兵书的成熟期，也是中国古代军事思想的成熟期。春秋末期的《孙子兵法》既是我国现存最早的兵书，也是古代影响最大的兵书，既标志着兵书的成熟，也标志着古代军事思想的成熟。

在从秦汉到隋唐的兵书缓慢发展阶段，中国古代军事思想也在随着战争实践的增多而进一步丰富，如在从秦末到西汉的战争实践基础上出现的《三略》，重在从政治与军事关系上论述战争，并进一步阐述了“柔能制刚，弱能制强”的朴素的军事辩证法思想；《李卫公问对》则联系唐代初期的战争经验，对《孙子兵法》中提出的虚实、奇正、攻守等原则及其内在联系，做了比较辩证的论述，而且还在一些方面提出了更新的见解，发展了前人的思想，特别是它论从史出、以史论兵的研究方法，开创了结合战例探讨兵法的新风。

两宋到明清时期，兵书从复兴走向兴盛，兵书数量很多，门类齐全，在一定程度上体现了冷兵器和火器并用时代的特点，并出现了《武经总要》《武备志》等分门别类、系统汇集前代军事思想的百科式类书著作，古代军事思想也由此走上了逐渐体系化的道路，形成逻辑性较强、涵盖面较广、基本完整的古代军事思想体系。

中国古代军事思想不但粲然可观、独具特色，而且内容丰富广泛，大致包括以下一些方面：

第一，对战争本质的认识。古代军事思想中很早就注重从宏观上考察战争，对战争的产生、性质、作用以及对待战争的态度等有了一定的认识，从总体上形成了重道慎战、义兵必胜、以战止战等一系列适应古代社会历史需要的战争观念。

作为"武经之首"的《孙子兵法》，开宗明义地指出："兵者，国之大事，死生之地，存亡之道，不可不察也。"明确指出了战争在国家中的重要地位问题，并提出慎战的思想："亡国不可以复存，死者不可以复生。故明君慎之，良将警之。此安国全军之道也。""夫兵久而国利者，未之有也。"《司马法》《孙膑兵法》中也强调了"好战必亡""乐兵者亡"的思想。

对于战争的起因，《吴子兵法》中归结为五种："一曰争名，二曰争利，三曰积恶，四曰内乱，五曰因饥。"要使国家强大，减少或避免战争，就需要"内修文德，外治武备”，把政治和军事结合起来。《尉缭子·兵令上》中说得更清楚，战争与政治就是支干和根基、表和里的关系，提出“兵者，以武为植，以文为种，武为表，文为里”的重要见解，已包含战争从属于政治、是政治的表现的卓越思想。

由于政治目的的不同，战争的性质就有了正义与非正义之分。《吴子兵法》中将战争区分为义兵、强兵、刚兵、暴兵、逆兵等五种。义兵是为了“禁暴救乱”，其余四种都是不义之战。区分了战争的性质，就可以确定对待战争的态度。《司马法·仁本》指出：“杀人安人，杀之可也；攻其国爱其民，攻之可也；以战止战，虽战可也。”《尉缭子》也认为：“故兵者，所以诛暴乱，禁不义也。”《何博士备论》中认为，战争既“有以用而危，亦有以不用而殆”，重要的是要看它是否合乎“德”，合乎“顺逆之情”“利害之势”。穷兵黩武、滥用杀伐会导致国家危亡，面临不义之战、无理侵袭而不采取战争应对，也会导致国家覆灭。

第二，军政结合的战略制胜观。春秋战国时期就已出现了“以正治国，以奇用兵”等一系列军事与政治相结合的战略指导思想。作为中国“战略之祖”的孙武，在《孙子兵法》中已形成了一整套较为成熟的军事战略理念，并成为后世战略思想发展的重要依据，主要包括将“道”作为决定战争胜负首要因素的“决胜”战略观，追求“不战而屈人之兵”的“全胜”战略观，“兵贵胜，不贵久”的“速胜”战略观等。

《孙子兵法》中认为决定战争胜负的有五事：“一曰道，二曰天，三曰地，四曰将，五曰法”；有七计：“主孰有道，将孰有能，天地孰得，法令孰行，兵众孰强，士卒孰练，赏罚孰明”。在这战争制胜的“五事”“七计”中，“道”都居于首位。“道者，令民与上同意也，可与之死，可与之生。”“善用兵者，修道而保法，故能为胜败之政。”“修道”就是修明政治，正如《孟子》所言：“得道多助，失道寡助”。“道”，才是战争胜负的决定性原因。

《孙子兵法》还说：“凡用兵之法，全国为上，破国次之；全军为上，破军次之。”最伟大的胜利是不须征伐、没有损伤的胜利，甚至在保全敌人的情况下征服敌人。这就是“全胜”思想。为了实现全胜的战略意图，就必须高度重视国家总体战略、谋略运用和外交斗争的作用。《孙子兵法》指出：“上兵伐谋，其次伐交，其次伐兵，其下攻城。攻城之法为不得已。”“百战百胜，非善之善者也；不战而屈人之兵，善之善者也。”这些思想，为后来中国历代兵家所推崇。《六韬》中提出，“全胜不斗”“上战无与战”。《太白阴经》阐发说：“夫太上用计谋，其次用人事，其下用战伐。”这些都是对孙子“全胜”思想的进一步阐释。

在不得已必须投入战争的情况下，则要抢占先机、攻敌不备、力求速胜。《孙子兵法》指出，“兵之情主速”“兵贵胜，不贵久”。为了达到速胜的目的，它要求“攻其无备，出其不意”“避实而击虚”。《孙膑兵法》中也强调，要坚决打击敌人虚弱且要害的地方，“必攻不守，兵之急者也”。《吴子兵法》认为，“用兵之害，犹豫最大”。为了做到不疑，必须弄清敌人虚实、危安之所在。它指出，再强大的军队，也总是有虚危之处和有隙可乘的地方，并提出了“审敌虚实而趋其危”的用兵方针。《六韬》同样重视察明敌之虚实，以求速胜。它提出，“密察敌人之机而速乘其利，复疾击其不意”，要“见其虚则进，见其实则止”。《李卫公问对》亦强调：“兵贵为主，不贵为客，贵速不贵久。”

第三，灵活实用的作战原则。古代军事思想中的作战原则，具有鲜明的实践性和可操作性。春秋战国时期提出的知彼知己、兵不厌诈、灵活应变等，集中地体现了中国古代军事思想的总体发展水平，并奠定了中国古代作战理论的基础。

注重谋略，力求以智取胜，是中国古代作战原则中的突出特色。战争筹划是作战前的重要步骤，必须深思熟虑、深谋远虑。《孙子兵法》指出：“多算胜，少算不胜，而况无算乎！”《尉缭子》也重视“廊庙”决策，提出“料敌而后动”“权敌审将而后举兵”。《将苑》主张：“先计而后动，知胜而后始战。”《百战奇法》也强调：“用兵之道，以计为首”，只有“计料已审”，才能无往而不胜。为了保证谋略的制定与实施，就必须做到“知战合一”。《孙子兵法》中最先总结得出“知彼知己，百战不殆”“不知彼不知己，每战必殆”的真理。除了知彼知己，还要“知天知地，胜乃可全”，即只有对战争中的各种情况、各种因素有尽可能多的了解，胜利才有充分的保障。《孙膑兵法》进一步阐发了有关“知道”的思想，指出：“知道者，上知天之道，下知地之理，内得民之心，外知敌之情，阵则知八阵之经。”只有知道、循道，才能据道制胜。

集中优势兵力，也是古代军事思想中不断强调的用兵法则。《孙子兵法》中最先指出：“用兵之法，十则围之，五则攻之，倍则分之。”只有拥有数量上绝对优势的兵力，才可攻打围歼敌人；如果只拥有超出敌人一倍兵力的相对优势，则要先设法分散敌人兵力，以形成“以众击寡”的有利态势。《尉缭子》中强调，凡用兵，“专一则胜，离散则败”。《百战奇法》中说，“兵散则势弱，聚则势强”，因此，应集中兵力，“远其强而攻其弱，避其众而击其寡，则无不胜”。

在用兵作战时，更重要的是要灵活用兵，因敌变化，没有能够以不变应万变的万能战法。《孙子兵法》说："战胜不复，而应形于无穷。"重复过去的战法，不可能再次赢得胜利，由于情况的变化，取胜方法的变化也是无穷的。《吴子兵法》中主张"料敌用兵""因情击敌"，强调"因形用权"。在不同的战场情况下，应灵活地采用不同的作战方法。《孙膑兵法》也认为，不能用一种态势下的取胜方法赢得各种态势下的胜利，"以一形之胜胜万形不可""胜不可一也"。《何博士备论》中也说："天下事功之成，常出于权。而其不济，常出于固。"作战的胜利，经常是由于随机应变；而失败，则经常是由于固守不变。中国古代军事思想中，对于战争中奇正、虚实、攻守、进退、迂直、主客、长短、吉凶、利害、众寡、强弱、逸劳、胜败等对立态势的相互依存和相互转化，有着大量深刻的论述，具有着非常突出的灵活辩证意识。

第四，系统全面的治军方略。治军，也就是今天常说的军队建设，直接影响着军队战斗力的强弱。中国古代军事思想中，不断地对治军方略进行总结和理论概括，形成了较为系统全面的选将练兵、赏罚实施、维护上下关系等方面的法则。

古代军事思想中从不同角度对统兵将帅提出了素质和修养方面的诸种要求。《孙子兵法》提出："将者，国之辅也；

辅周则国必强，辅隙则国必弱。”为了把国家和国君辅佐好，统兵将领必须全面具备“智、信、仁、勇、严”五种品质。《司马法》中则进一步将这一为将标准扩充为“六德”：礼、仁、信、义、勇、智。《吴子兵法》指出：“总文武者，军之将也。兼刚柔者，兵之事也。”它要求将帅既要懂政治，又要懂军事；既要有勇，又要有谋。在选练兵卒方面，《孙膑兵法》提出，“兵之胜在于篡卒，其勇在于制”，也就是要严格挑选士卒，还要有良好的组织编制和管理制度。善选士卒，亦为后世历代所重视。明代《筹海图编》中提出，选兵首先要用的是“乡野老实之人”，而在练兵时，首先要“练心”，要使“人心齐一”。《吴子兵法》中主张，兵不在多，“以治为胜”，而“治”的标准就是：“居则有礼，动则有威；进不可挡，退不可追。”无论安危，都能团结对敌。为把军队训练得有战斗力，《孙子兵法》提出：“令之以文，齐之以武，是谓必取。”要“文”的办法和“武”的办法双管齐下，这样的军队才能成为必胜之军。《司马法》和《尉缭子》也主张要以法治军，“明赏责，严诛责”。《李卫公问对》中则强调，治军必“爱设于先，威设于后，不可反是也”。将帅必须爱兵，与士卒同甘共苦，部队才有战斗力。《孙子兵法》说：“视卒如婴儿，故可与之赴深溪；视卒如爱子，故可与之俱死。”《六韬》中认为：“将与士卒共寒暑、劳苦、饥饱，故三军之众，闻鼓声则喜，闻金声则怒。”强调的都是将卒相亲，才能真正形成军队的统一意志。

中国古代军事思想中，对保障后勤、使用间谍、利用地形等辅助战争的行动也有着丰富的理论阐述。这些思想遗产不仅在古代曾直接指导了当时的战争实践，而且作为中国优秀的文化传统，在今天仍然有着重要的借鉴意义。

第四节　兵书的影响

兵书丰富的内容，是中华民族灿烂文化遗产的重要组成部分，对中国近现代以及外国军事理论的发展，产生过重要影响，诸多内容至今仍闪烁着光芒。

中国古代兵书不仅是中华民族的宝贵遗产，而且是全人类共同的精神财富和文化瑰宝。它的影响早已超越了时代，跨越了国界。中国古代兵书中的经典之作，数千年来被广泛运用于指导战争实践，哺育了无数疆场英才、著名将帅。即使到了武器装备和战争样式已经发生革命性变化的近代、现代和当代，中国古代兵书中所阐发的光辉思想，仍在治军和作战的实践中具有着重要的参考甚至指导作用。中国古代兵书不仅在中国影响深远，在全世界范围内也广为流传。

早在隋唐年间，中国兵书就传入了日本等东亚国家。其中，随第八次遣唐使来中国的日本留学生吉备真备等人，为兵书的流传做出了很大的贡献。吉备真备是717年到达中国的，他自幼热爱军事，在中国专心学习了17年中国兵法；734年回国时携带了大量在唐代收罗到的兵书和兵器，并在回国后在日本广泛传授《孙子兵法》《吴子兵法》和诸葛亮的八阵图等军事知识。继吉备真备后，许多来唐的日本留学生归国时也都带有大量的中国图籍。到唐代末年，中国当时存世的大多数兵书都传到了日本。9世纪末成书的《日本国见在书目》中，著录的中国兵书已达到了59部。其中的经典著作又被后世的日本不断翻刻、翻译、研究和使用。在日俄战争中，日本海军联合舰队司令官东乡平八郎，就一直随身带着一部《孙子兵法》。中国兵书在日本流传的同时，也传到了朝鲜、越南等国家。

到了18世纪后半叶，中国的兵书又传入了欧洲。第一个翻译中国兵书的欧洲人是法国传教士阿米奥，又称钱德明、王若瑟。他在1751年奉乾隆之诏到了北京，在京居住43年，首次用法文翻译了《孙子十三篇》《吴子六篇》《司马法五篇》《六韬兵法选二篇》，并附有中国军队操练、服装和武器图片以及阵图等，编成《中国军事艺术》一书，于

1772 年由巴黎迪多出版公司出版。此书一经问世就引发学界和军界的强烈反响，这一版本迄今仍在不断再版重印。其中《孙子兵法》在欧洲受到的关注度尤高。此后，各种其他语言的译本也不断问世，如 1860 年出版的斯列兹涅夫斯基的俄译本《中国将军孙子对部将的训示》，1905 年出版的卡图奥普的英译本《孙子兵法》，1910 年出版的莱昂涅尔·吉勒斯的英译本《孙子兵法：世界最古之兵书》和布鲁诺·纳瓦腊的德译本《中国之武经》等。迄 2017 年已有包括意大利语、希伯莱语、阿拉伯语、西班牙语、希腊语、波斯语、捷克语、丹麦语、缅甸语、泰国语等近 30 种文字的不同译本。其中，尤以英国汉学家兼军事理论家格里菲思将军的英译本为精，并被联合国教科文组织列入中国代表作丛书，美英等各国军事院校所使用的《孙子兵法》教材也多采用这一译本。英国著名战略家、军事理论家李德·哈特在这一译本 1963 年版的序言中说："在导致人类自相残杀、灭绝人性的核武器研制成功后，就更需要重新而且更加完整地翻译《孙子兵法》这本书了。"

事实正是如此，自第二次世界大战结束以来，《孙子兵法》越来越受到世界各国领导层尤其是军界的推崇。美国国会研究防务问题的高级专家、曾任美国国防大学战略研究所所长的约翰·柯林斯在他著名的《大战略》一书中说："孙子是古代第一个形成战略思想的伟大人物”，“《孙子十三篇》可与历代名著，包括2200年后克劳塞维茨的著作媲美。今天没有一个人对战略的相互关系、应考虑的问题和所受的限制比他有更深刻的认识。他的大部分观点在我们当前环境中仍然是具有和当时一样的重大意义”。1978年至1980年间，美国华盛顿斯坦福研究所战略研究中心主任理查德·福斯特，主张美国要根据孙子“不战而屈人之兵”的思想，改变核战略，以“确保生存和安全”代替“确保摧毁”，因为“确保摧毁”以摧毁城市为目标，正是被孙子称为下下策的方法。日本京都产业大学教授三好修对此加以阐发，提出了著名的“孙子核战略”。提出“软实力”理论的美国当代战略家约瑟夫·奈也承认，软实力这一概念和孙子的“不战而屈人之兵”理论有关联。2011年，曾任过美国国务卿的基辛格在《论中国》一书中，专门开辟了一章“中国政治与《孙子兵法》”，试图根据《孙子兵法》来探寻中国的战略思维模式。他评价说，《孙子兵法》问世已2000余年，然而这部含有对战略、外交和战争深刻认识的兵书，在今天依然是一部军事思想经典。

中国兵书虽属军事著作，但它的影响和作用范围早已超越军事领域。大到政治、经济、科技、文化等各领域，具体到竞技比赛、外交谈判、商业运营、医疗卫生等各个行业，也都在注意运用和汲取中国兵书的智慧。

据《史记·货殖列传》载，战国时期的商人白圭声称："吾治生产，犹伊尹、吕尚之谋，孙、吴用兵，商鞅行法是也。"把处理商业问题，看成像伊尹和姜太公用计谋、孙武和吴起用兵、商鞅推行法令一样。而春秋时期曾辅佐越王勾践的范蠡，将兵法运用于商业之中，成为集军事指挥与经商致富于一身的传奇性人物。中国兵书传播到国外后，外国企业家也从中找到了门道。日本企业家大桥武夫曾著有《用兵书经营》一书，认为汲取中国古代兵法的思想来经营企业比欧洲现代管理方式更为合理。而日本人古部都美的《怎样当企业领导》一书中，则用孙子提出的制胜"五事"来论述成功管理企业的五个标准："道"是企业的基本方针，"天"是经济气候，"地"是企业的地理位置、市场、资源、劳动力等因素，"将"指管理人员，"法"是企业的组织、纪律、规章制度等。美国企业界对《孙子兵法》也很重视，美国人汉德森应用孙子兵法的原理写了一本书叫《如何打赢争夺市场的战争》，被誉为"商业领袖的手册"。美国企业家萨姆·J.塞巴斯蒂安尼说："假如我手中拿着最后几本书匆匆奔向机场跑道，那几本书将是《圣经》《孙子兵法》《新厚黑学》。"

在中医领域，兵法的理念及指导思想早在春秋战国时期就得到了应用。由于当时阴阳五行相生相克的哲学方法正大行其道，所以阴阳、虚实、奇正、攻守之类的军事术语在中医学上也经常出现。到了清代，著名儒医徐大椿在《医学源流论》一书中的《用药如用兵论》一章，鲜明地阐述了“防病如防敌”“治病如治寇”“择医如用将”“用药如用兵”等医理，并指出“《孙武子》十三篇，治病之法尽之矣”，敏锐地审视了兵学与医学、兵道与医道的相互关系，成为沟通医学与兵法渊源关系的典范之作。

中国兵书之所以具有长盛不衰的生命力和全方位的影响力，其原因主要有三个方面：一是中国古代的兵学泰斗们是立足于和平的愿望研究战争的，从而使其揭示的一般规律应合了人们以最小的代价，求取和平的愿望，因此，它不仅适用于战争时期的战略选择，也适用于和平时期在不同领域内的矛盾解决。二是中国古代兵法的经典著作家们是立足于国家战略全局从宏观上研究战争的，从而揭示了治军、作战乃至治国的若干通律。战争是起源于经济，从属于政治的“国之大事”，但任何事物都有自身的运行规律，战争也在按自己的规律运动着。因此，不同时代、不同性质的战争在政治的约束下除有其特殊规律以外，还具有战争共有的跨时代的若干通律。中国古代兵学泰斗们以擅长理论思维著称，他们在立足于国家、社会和战争全局进行创造性思维的过程中，所揭示的战争规律带有鲜明的通律性质，是任何时代、任何军队及其指挥员在任何情况下都必须通晓和遵循的法则，不会因为时代的变化而失去光彩。只要稍许留心国内外军界学习、研究中国古代兵法的现实就会发现，他们感兴趣的并不是那些打着旧时代烙印的具体战法，而是上面提到的具有普遍意义的战争指导原则。三是中国古代兵法大师们坚持用对立统一的辩证方法研究和解析战争，从而使其思想观点和方法论原则具有广泛的应用价值。善于剖析矛盾，揭示关系，探讨规律，是中国古代兵法经典的一大特色。战争是一个充满偶然性的领域，是一个充满不确定性的领域。从分析对立统一的矛盾关系入手研究战争，符合战争的客观辩证法，也符合研究认识战争的主观辩证法。中国古代兵学大师们认为，战争中存在多种多样对立统一的矛盾关系，要促使这些对立统一关系向有利于我不利于敌的方向转化，就要综合而恰当地运用一系列谋略手段。这种对战争客观矛盾的分析及其对策的阐发，使其所述内容具有鲜明的思想和深刻的哲理，能够从世界观和方法论两个方面双向拨动，启迪人们创造智慧的心灵。毫无疑问，中国古代兵学大师揭示的能使人举一反三、触类旁通的战争哲理，在对抗和竞争激烈的现代社会中仍具有普遍的适用性。一切存在矛盾斗争和竞争活动的领域，都可以从中国古代兵法中挖掘出有益的指导原则和实践策略。

正因为如此，当前对古代兵书的应用范围仍呈日益扩张之势。兵书中的许多名言警句，已经渗透到人们的日常工作和生活中，成为人类智慧宝库和语言宝库的重要组成部分。

第八章

军事文化与中华民族精神

中国是世界历史上最悠久的文明古国之一。中国的文化遗产是人类文明史上罕见的夺目瑰宝。作为中华民族文化重要组成部分的中国军事文化，也以其独具的魅力和丰彩，给人类文化宝库增添了一颗璀璨耀眼的明珠。

文化，是人类知识和观念形态的反映，其核心内容是作为精神产品的各种知识和观念。文化的表现形式有两种，即物质文化和精神文化。物质文化指的并不仅仅是物质本身，更加强调的是通过具体物质体现出来的知识和观念，即蕴含在物质之中的精神文化。而文明则是指文化在发展中形成和积淀的积极成果的总和，即文化在民族或国家中形成的良好的生活方式和精神风尚。因此，军事文化就是蕴含在军事物质产品和军事精神产品中的知识和观念。中国军事文化在历史发展过程中，所形成和积淀的积极成果，也是中华文明的重要组成部分。

中华民族精神是指中华民族普遍表现出来的精神活力和个性特征，是中华民族普遍遵奉的有利于社会进步和民族团结的社会信念、价值追求和道德风尚。它是中华民族在共同的文化滋养和社会实践基础上形成的，是中华文明的核心、灵魂与精髓，反映的是中华民族共同的民族心理特征、文化传统和精神风貌，具有对内动员和聚集民族力量、对外展示和树立民族形象的重要功能，也是中华民族生生不息、团结奋进的不竭动力，并已深深地熔铸在中华民族的生命力、创造力和凝聚力之中。

中华民族在上下几千年的发展历程中，已牢固地形成了以爱国主义为核心的团结统一、爱好和平、勤劳勇敢、自强不息的伟大民族精神。中国军事文化对于中华民族精神的塑造和形成，以及保持和发扬，一直在发挥着重要作用。这种作用的发挥，主要体现在两个大的方面：一是军事文化建设，二是军事文化传播。军事文化建设是指通过军事认识和军事观念等军事理论的建设对军事文化的塑造。军事文化传播是指军事题材文艺产品的创作传播以及军事活动对各种文化传播的推动。

第一节 爱好和平的民族观念

西藏有座著名的布达拉宫，这个名字来源于梵文“普陀洛迦”，在佛典中是观音说法之地。同样来自于这一梵文的中国地名还有浙江的普陀山。布达拉宫初建于7世纪，是松赞干布为迎娶信奉佛教的文成公主而建的。汉藏和亲，文成公主远嫁吐蕃，不仅带去了种植、医学、丝绸、纸墨、造酒等方面的书籍和工匠，推动了西藏在各方面的发展，还为唐朝与吐蕃之间带来了200多年的和平。

“和亲”是自西汉开始，直到清代都在应用的周边民族政策，主要目的是以和平手段解决争端，这样相互间不仅可以减少或避免战争，还可以加强交流。这体现着中国传统对外政策中浓厚的和平主义色彩。中国历来不追求通过武力建立自己的势力范围，更不轻易对周边地区滥施暴力，对外政策追求的最高目标也仅是“四夷宾服，万国来朝”。这与世界历史上其他国家，如古罗马帝国和近代欧洲的一些王朝国家有着很大的不同，即它不在于扩大版图，掠夺财富，而在于确立政治权威并向外传播中国的价值观念和文明。因此，古代中国的对外政策，也一直以相对稳定的和平主义为主，注重通过发挥自身道德感召力以影响其他国家，试图凭借自己优越的文化地位和道德影响力，在世界上发挥“协和万邦”的作用，并最终实现“圣王之治”。

郑和下西洋就是重要的例子。英国学者李约瑟在《中国之科学与文明》一书中，对郑和所率的海军评论道：“明初的水师在历史上可能比任何其他亚洲国家的任何时代都出色，甚至较同时代的任何欧洲国家乃至于所有欧洲国家联合起来，都可能不是他的对手。”然而，郑和七下西洋，却不曾霸占别国一寸土地，纯属友好的政治文化访问，力图以仁义取信天下，重在传播中华文明、宣扬中国的道德精神，而不是用霸道征服邻国。

中国这种根深蒂固的和平观念，正是受到了中华民族自古以来历经战乱所形成的传统思想的影响。

反对战争，爱好和平，自春秋战国时期以来，就在历代思想家不绝于耳的呼声中得到回响，也在古今民众对和平的热切向往中得到体现。在中国思想家们看来，征战与杀伐是与治乱兴衰之道相违背的，国家、民族之间的关系往来，重在诚信而不在杀伐。老子就曾讲，“善为士者不武”，其意是善于担任统帅的人，不以武力称霸天下。墨子更是明确地提出了“非攻”的主张，认为“贪伐胜之名，及得之利”而进行战争，实际上“计其所得，反不如所丧者之多”，并为了制止战争，东奔西走，上说下教。孟子在《孟子·离娄上》中更是激烈地认为："争地以战杀人盈野，争城以战杀人盈城，此所谓率土地而食人肉，罪不容于死。故善战者，服上刑……"但这些主张在面临要维护主权和领土、抵御外来侵略时，明显无法推行。只有兵家的和平主张才能给出正确的答案。

兵家并不主张放弃武力，但提出了兵凶战危的前提。《孙膑兵法·见威王》中认为："夫乐兵者亡，而利胜者辱。"《六韬》中不仅强调"无甲兵而胜，无冲机而攻，无沟堑而守"，并在《文伐》一章中列举了12条文伐手段，主张充分利用非军事手段打击敌人。《孙子兵法》中则强调"必以全争天下"，提出"全胜""全争""全利""全国""全军""全旅""全卒""全伍"等概念，主张"上兵伐谋，其次伐交，其次伐兵，其下攻城"。最理想的战略追求不是百战百胜，而是"不战而屈人之兵"，是"安国全军"。明代兵学家何良臣在《阵纪》一书中也明确指出："能以威德服人、智谋屈敌，不假杀戮"，方可称为"不世功"。

兵家本来是为战争而谋划的思想家，但却时时关注着和平。因而也可以说，兵家的谋略智慧，不是为了战争而谋略，恰恰是为了和平而谋略。兵家的主张进入中国传统思想中，进一步丰富了中华民族爱好和平的观念，形成具有鲜明中国特色的和平主张。中国传统思想在国家道德方面，反对霸道，尊崇王道，强调“仁”和“己所不欲，勿施于人”，反对“以力服人”，主张“以理服人”“以德服人”，强调的是“仁者无敌”和“仁战”；在国家行为方面，强调“协和万邦”“以和为贵”；在国家军事方面，主张使用武力的目的在于自卫，而不在扩张，即使为情势所迫，不得不使用武力，战争的目的也只在于“以战止战”，并把武力手段作为可供选择的诸多手段中的最后一种。

同时，和平理念作为中国传统文化的核心理念之一，也普遍地存在于中国社会的各个阶层之中。在中国历史上，统治阶层一向以“天下和平”和“太平盛世”作为治国目标，知识阶层则以“为万世开太平”作为人生方向，平民阶层以“安居乐业”作为理想的生活方式。和平，已深入中国人的灵魂深处，并外显于中国人的处世原则和日常行为之中。中国人常说“和为贵”“和气生财”“家和万事兴”，愿意在出现争执和冲突时“化干戈为玉帛”。民间习惯于在室内安放花瓶，以寓“平安”之意；喜欢贴年画，喜贴《竹报平安图》《四季平安图》等；打碎了东西好以“岁岁平安”的谐音讨个吉利；有些地区的婚礼中有跨马鞍仪式，以取“平安”之吉。英国哲学家罗素在《中国问题》一书中曾指出过：“如果世界上有‘骄傲到不肯打仗’的民族，那么这个民族就是中国。中国人天生的态度就是宽容和友好，以礼待人并希望得到回报。尽管中国发生过很多次战争，但中国人天生的面貌仍是非常和平。”

世界各国都有不同的发展历史，强国之路也各有不同。西方国家有的选择殖民扩张，有的选择商业扩张，有的利用市场争夺，有的追逐海洋霸权，有的是经济加软科技，还有的是这多种方式合而用之。但中国自古以来就选择了与他们完全不同的和平发展之路，这是中国的传统，也是中国的文化，是中国人从历代战争中所积淀的智慧结晶，也是中华民族精神中独有的价值与贡献。

陈独秀曾在《东西方民族根本思想之差异》一文中说：“故中土西汉以来，黩武穷兵，国之大戒。一若西洋诸民族，好战健斗，根诸天性，成为风俗。自古宗教之战、政治之战、商业之战，欧罗巴之全部文明史无一字非鲜血所书，英吉利人以鲜血取得世界之霸权，德意志人以鲜血造成今日之荣誉。”这是由于不同的传统思想和传统文化，培育出不同性格的民族和人民。而中华民族是以农立国，向来崇尚和平，厌恶战争。正如孙中山在《三民主义》一书中讲道：“爱和平就是中国人的一个大道德，中国人才是世界中最爱和平的人。”“中国人几千年酷爱和平，都是出于天性……这种特别的好道德，便是我们民族的精神。”意大利传教士利玛窦也很早就发现了中华民族精神中的这一特征，他在

《中国札记》中写道："他们的皇上和人民却从未想过要发动侵略战争，他们很满足于自己已有的东西，没有征服的野心。……我仔细研究了中国长达四千多年的历史，我不得不承认，我从未见到有这类征服的记载，也没听说过他们扩张国界。"

中华民族之所以能够以爱好和平著称于世，正是由于爱好和平在中国有着深厚的思想基础。作为浸润了浓烈人文精神的思想情怀，它已深植于中华民族的文化传统之中，并已发展成为了整个民族的特征。爱好和平的观念，不仅能让中华民族妥善处理人与人之间的关系，相互能够和睦相处，讲究礼尚往来，重友善邻，甚至以德报怨，倡导冤家宜解不宜结，在漫长的历史中留下了诸如六尺巷等无数发人深省的故事，而且，中华民族爱好和平的观念还表现在处理国家和民族之间的关系上，人不犯我，我不犯人，忍让互惠，友好往来。昭君出塞和日本遣唐使的历史，都体现着增进和睦、推动和平的考量。更为重要的是，推进和平主义不单是一种理想主义的精神诉求，而且具有着坚实的现实主义基础，它是在对国家间相互作用途径的优劣得失进行了精准比较后做出的理性选择。中华民族爱好和平的传统，不仅从理论上提出了一些规避国家间战争的原则、方法，而且在实践中找到了一些有效维持国家间和平的结构模式，和平主义在近代已经发展为处理国家与国家之间关系的重要原则。和平共处五项原则就是新中国成立以来处理国际关系的基本准则，也是对爱好和平精神的继承和发展。中华民族在对外交往中，崇尚亲仁善邻，主张和而不同，追求普遍和谐等思想，已成为中国外交取之不尽的智慧源泉。

英国哲学家罗素写于20世纪20年代的《中国问题》一书中还提到："中国人的宽容，欧洲人根据本国经历是无法想象的。"中国人的"立国之本在于比我们更宽厚、更慈善的观念"。在他看来，欧洲各国的"繁盛"是"依靠侵略弱国而得来的"，而中国则"完全是依靠自己的能力来生存的"。他批评欧洲人的人生观"推崇竞争、开发、永无平静、永不知足以及破坏。导向破坏的效率最终只能带来毁灭，而我们的文明正在走向这一结局"。他主张西方人应该借鉴中国文明以补自己的不足，他说："若不借鉴一向被我们轻视的东方智慧，我们的文明就没有指望了。"中国人"摸索出的生活方式已沿袭数千年，若能被全世界所采纳，地球上肯定会比现在有更多的欢乐祥和"。

第二节　崇尚正义的价值取向

《孟子·告子上》中说："生，亦我所欲也，义，亦我所欲也。二者不可得兼，舍生而取义者也。"在中国传统价值观中，义，要比生命更为重要。仁、义、礼、智、信，是中国儒家所称的"五常"，也就是作为人，必须要具备的五种基本品格。这也是中华民族价值体系中的最核心因素。

正义，从春秋战国以来，一直为中华民族所崇尚。《左传·隐公四年》中就记载了春秋时卫国的老臣石碏，为了维护国家和人民的利益，对犯罪的亲人不徇私情，使其受到应得惩罚的史实，留下了"大义灭亲"的成语。在明清时期的小说作品中，正义更是成为一个重要的主题，《水浒传》中鲁智深拳打镇关西的故事，就是典型的演绎。而此时西方的小说中，却正是冒险与征服主题横行的年代。

那么，什么是"正义"呢？在古汉语中，"正""义"二字意义相通。《墨子·天志下》中说："义者，正也。"《孟子·离娄上》中也说："义，人之正路也。"正，就是不偏、不弯、居中、无私、无邪。《礼记·中庸》中称："义者，宜也。"所以，正义，就是公道正直、正确合理，不邪枉。汉代王符在《潜夫论·潜叹》中说："正义之士与邪枉之人，不两立之。”正义作为一种道德规范，不仅可以陶冶高尚的情操、塑造理想的人格，而且也是一种重要的人生价值追求，数千年来，一直在激励着中华民族的无数仁人志士“杀身成仁”“舍生取义”“见义勇为”“见利思义”，使崇尚正义成为中华民族世代相传的美德和处理相互关系的基本原则。

崇尚正义的价值取向，之所以能够成为一种民族精神，与中国历代思想家的强烈主张与不断向社会各阶层的呼吁有着重要关系。他们认为，正义是维系人民尊重公正公平、相互和谐安处、保证国家稳定的根本。《管子·五辅》中说，“夫民必知义然后中正，中正然后和调，和调乃能处安”，提倡人民用公正、合情合理的态度来处理日常生活中的人际关系。《荀子·强国》中也说，“天下之要，义为本”，认为“义”是调节各种矛盾冲突的第一道德规范，“内节于人而外节于万物者也，上安于主而下调于民者也。内外上下节者，义之情也”。因此，“本义务信而天下治”，“弃义倍（背）信而天下乱”。《墨子·天志下》讲得更清楚：“天下有义则治，无义则乱。”他们还认为，正义是个人面对欲利问题时最为重要的衡量要素，可以避免人们见利忘义。义利问题也是中国传统哲学中的核心问题之一。它不仅是处理个人选择问题时要做出的道德思考，而且也是处理国家关系时重要的决策前提。古人并不反对对利益的追求，但主张要追求合乎正义的利益，强调私利要服从公义。《论语·里仁》里说："富与贵，是人之所欲也，不以其道得之，不处也；贫与贱，是人之所恶也，不以其道得之，不去也。"《论语·述而》中说得更好："不义而富且贵，于我如浮云。"在处理国家之间的关系上，崇尚正义也是一个重要准则。《大学》中就说："国不以利为利，以义为利也。"国家不应只追求本国的利益，而是要尊重道义，追求各国的共同利益，才可以使本国发挥更重要的作用，获得更高的地位。这才是真正的大利，才能从根本上维护本国的利益。

崇尚正义的价值取向，之所以能够成为一种民族精神，与中国历代军事家在战争中主张和推行正义之战有着重要的关系。从春秋战国时期就开始盛行的义战观念，不仅赋予了中国古代战争独特的伦理风貌，而且对于中华民族形成崇尚正义的民族精神，产生了直接的实践影响。

义战的观念在中国传统军事文化中占有重要地位，它起源于夏商时期，盛行于西周。夏代启在发动甘之战时声称"有扈氏威侮五行，怠弃三正"，就是在把自己宣扬为义战的推行者。一场战争正义与否，决定着这场战争的性质，也决定着人们对待这场战争的态度。

中国古代军事家对战争是否为义战极为重视。《吴子兵法·图国》明确把战争分为五种："一曰义兵，二曰强兵，三曰刚兵，四曰暴兵，五曰逆兵。"只有禁暴救乱、吊民伐罪的战争，才是正义战争。《尉缭子·武议》中说："故兵者，所以诛暴乱，禁不义也。"所以，"凡兵不攻无过之城，不杀无罪之人"，反之，"杀人之父兄，利人之财货，臣妾人之子女，此皆盗也"。

中国古代军事家对待战争的态度也很明确，支持正义战争，反对非正义战争，甚至为了禁不义也可以发动战争。《司马法·仁本》就说："杀人安人，杀之可也；攻其国爱其民，攻之可也；以战止战，虽战可也。"《吕氏春秋·禁塞》中也说："兵苟义，攻伐亦可，救守亦可；兵苟不义，攻伐不可，救守不可。"同时，他们也都反对不正义战争，反对穷兵黩武，恃强凌弱。《太白阴经·善师篇》就说："兵非道德仁义者，虽伯（霸）有天下，君子不取。"

中国古代军事家对于战争性质与战争胜负的关系有着明确的认识，坚信"仁者无敌""义战必胜"。他们认为，由于义战是为了禁不义，是顺应民众所愿，所以最终必会获得胜利。《三略·下略》中提出："夫以义诛不义，若决江河而溉爝火，临不测而挤欲堕，其克必矣。"义战必胜的关键，在于义战能够得到民众的支持，而民心向背则是决定战争胜负的关键因素："与众同好靡不成，与众同恶靡不倾。"

中国古代义战的思想，在实际战争中也形成了一系列的战场"义行"。夏启在发动甘之战时声称的"有扈氏威侮五行"，唐代孔颖达解释说："五行，在人为仁、义、礼、智、信。"这个"五行"，也就是传统观念中的"五常"。"义"虽然只是"五常"之一，但在人们的观念中，"义"必然要以"仁"为基础，并同时兼有"礼、智、信"的特征。战场上的"义行"也是如此。战场上同样要讲仁，《淮南子·氾论训》中说："古之伐国，不杀黄口，不获二毛。"也就是说，古时的战争，要讲求不伤害儿童和老人。《三国演义》中刘备在当阳之战中不忍弃民而甘于同败，宣扬的就是战争中的仁。战场上也要讲义，同在《三国演义》中，关羽义释曹操，不仅无损于关羽的名将地位，反而更突显出他的高尚人格。战场上要讲礼，军队中的礼节是最为繁复的，既有平时的礼仪，又有战场的礼仪，战后还有班师的礼仪、献俘与谈和的礼仪。孔子说："以之军旅有礼，故武功成也。"战场上讲智是不用说的，战争本身就是智力的拼搏。这些战场义行，后来逐渐形成了"不斩来使""不擒二毛""不伐丧"等中华民族特有的战争礼仪。

中国古代的义战理论和实践，已敏锐地触及了战争中的道德问题，并且形成了一系列具有民族特色的处理规范。它与其他中国传统正义思想一起，在中华民族精神的深处升华成崇尚正义的价值取向。

根据中国的传统观念，正义在古代人们的实际生活中，又具体地分解成道义、公义、侠义等不同的维度。道义，作为一种社会道德行为规范，是指个人的敦伦尽分，也就是说，个人要做符合自身社会地位和伦理角色的事，并能在自己的地位上承担起对国家和社会的义务和责任。尊老爱幼、忠君爱国在传统文化中都被认为是正义行为。“居庙堂之高则忧其民，处江湖之远则忧其君”“铁肩担道义，妙手著文章”。公义，则是指能够去私为公，在价值取向上将公正、公平放于个人利益之上，强调的是公共利益至上。这个公共利益更高的是指天下公义，而不是特指某个集团的利益，对君主的不当言行据理力争，秉笔直书、刚直不阿等都是传统文化中坚持公义之行。“舍得一身剐，敢把皇帝拉下马”“为善最乐，道理最大”。侠义，则是一种“路见不同，拔刀相助”的舍己为人的精神，敢于为陌生人，特别是为弱者主持公道，维护道义，不贪财、不畏势，把自己的生命置之度外，有着精神上的绝对自由。这也是被民间广为赞颂的正义行为。“劫富济贫，替天行道”“两肋插刀，在所不辞”。

由此可见，中国传统正义观基本上是一种伦理意义的正义观，提倡的是个人在道德上的自我完善，重视道德意识和道德行为的价值，真实、纯朴地体现了中华民族舍己为人的美德。它对推崇道德价值、维护社会整体利益、维持社会正常运转，具有着重要意义。与西方正义观相比，中国传统正义观偏重于整体主义思想，被归位为整体本位正义观。这一点在古代时期，中西方很接近。但进入近现代以来，西方的个体本位正义观开始兴起，把个人的权利、自由和幸福都纳入正义观念之中，并以保护个人正当权益见长，认为人们追求正义，不仅要肯定正义的观念和行为，同时还要努力去建设正义的社会制度来实现正义，没有正义的社会制度，社会整体就没有正义，失去了正义的社会制度就应该改变。这种制度正义，恰恰是中国传统正义观中所缺乏的。制度正义，是通过正义的法律和制度来保证社会公共道德的重要途径。对于中国传统正义观中重视个人修养、轻视社会公共道德制度建设的特点，梁启超曾在《新民说·论公德》中指出："试观《论语》《孟子》诸书，其中所教，私德居十之九，而公德不及其一焉。"而随着社会的变化和物质的冲击，仅靠传统的思想观念已无法防止大量的道德失范现象，所以，他还说："吾恐今后智育愈盛，则德育愈衰，泰西物质文明尽输入中国，而四万万人相率为禽兽也。"

当前，中国正是吸取了西方正义观中的有益部分，结合中国传统正义观，大力推动当代社会道德的建构和发展，积极培育和践行“富强、民主、文明、和谐、自由、平等、公正、法治、爱国、敬业、诚信、友善”的24字社会主义核心价值观。同时，在处理国际问题中，奉行支持正义、反对非正义的原则，不是以自身利益作为价值和道德标准，而是追求人类社会的共同利益，承认世界多元性、利益差异性、文明多样性，坚持在公正与和谐的原则下让所有国家都拥有发展的机会和条件，共同发展、共同富裕、共享全球化经济成果。

第三节　精忠报国的爱国情操

精忠报国这个成语，来源于南宋著名的爱国将领岳飞的故事，传说岳飞的背上就刺有这四个字。但这并不符合史实，《宋史·岳飞传》中载，岳飞的后背上刺的是“尽忠报国”四个字。今天杭州岳王庙照壁上的四个字也是如此。岳飞抗金的爱国事迹，早在南宋时就已经广为流传，不仅章颖撰写的《中兴四将传》和《南渡十将传》中专门为岳飞作传加以传扬，罗烨的《醉翁谈录》中也提及，早在南宋当时的瓦舍中，就已有很多人在讲述岳飞抗金的故事，其中艺人王六大夫每次讲时，更是“听者纷纷”。此后，以岳飞抗金的爱国故事为蓝本的各种文学作品不断涌出。明代戏曲中有姚茂良的《精忠记》，其情节悲壮感人；陈衷脉的《金牌记》，将“武穆事功，发挥殆尽”；吴玉虹的《翻精忠》，则改变历史，写岳飞抗金成功，秦桧受戮遭报。在小说作品中，比较有影响的先是明代熊大木的《大宋中兴通俗演义》，后来曾先后被改编为《岳武穆精忠传》和《重订按鉴通俗演义精忠传》；清代时有李梅实的《精忠旗》和钱彩的《说岳全传》。其中，《说岳全传》不仅吸收了以前各种作品的精华，而且影响也最为广泛。今天仍在民间流传的各种岳飞故事，大多来自于《说岳全传》。正是由于这些文学作品的演绎和影响，岳飞背上的四个字，就从正史上记载的“尽忠报国”变成了“精忠报国”，而且还衍生出了“岳母刺字”

杭州岳王庙照壁上的题字“尽忠报国”

的著名故事。

尽管岳飞背上刺的四个字到底是什么，人们有不同的说法，甚至还有人怀疑是否有刺字之事，但“精忠报国”已成为岳飞精神的核心内容和价值体现，也成为中华民族爱国精神的代名词，深深地烙印在每一个中国人的脑海里，溶入到每一个中国人的血液中，成为整个中华民族的集体记忆，成为了爱国主义生生不息的动力源泉。岳飞的著名词作《满江红》也被多次谱曲，每当中华民族面临危难之时，就会四处传唱。

精忠报国的爱国情操，正是中国古代军事精神对中华文明的巨大贡献之一。它的内在精蕴和实质，是一种强烈的军事奉献精神。中国古代军人的爱国实践和价值实现形式之中，也一直在体现着这种精神。《尉缭子·武议》中所说的“将受命之日忘其家，张军宿野忘其亲，援枹而鼓忘其身”，就是军事奉献精神的生动写照。汉代刘向在《说苑·指武》中也有“必死不如乐死，乐死不如甘死，甘死不如义死”之说。精忠报国的军事奉献精神，就是建立在“义死”基础上的“甘死”“乐死”和“必死”之心，是在忠君爱国的情感基础上，形成的一系列积极自觉奉献的理性意识。正是由于受到这种以死报国、以命报国、将自己的一切都奉献给国家的精神浸淫，在中国历史上才会有那么多军人品格高洁，不愿营府第，不愿治田产，不愿积私财，宁愿把国家的赏赐分发给下属。无论是霍去病的“匈奴不灭，何以家为”，宗泽的“得捐躯报国恩，足矣”，还是戚继光的“封侯非我意，但愿海波平”，邓世昌的“吾辈以军卫国，早置生命于度外”，都是精忠报国的爱国情操在军人身上的具体体现。精忠报国，这个来自军事领域、代表岳飞精神的词汇，在超越了军事领域的局限，进入全体中华民族的精神世界并为中华民族所确认和继承后，又进一步成为表述中华民族传统爱国主义的精准词汇。

中华民族的传统爱国主义，以精忠报国的岳飞精神作为典型代表，并不说明中华民族的爱国主义是从这个词的出现才开始的。中华民族的爱国主义，贯穿于整个中华文明史。几千年来，中华民族一直都有着牢不可破的爱国情结，为抵御外侮而毁家纾难之事，在历史上更是层出不穷。即使是普通百姓，他们中的绝大多数也都懂得大是大非，都懂得在紧要关头该何去何从，懂得在个人利益与国家安危之间如何正确取舍。

“爱国”这个词语，同样也有着悠久的历史。在中国古代文献之中，《战国策·西周策》中就有“周君岂能无爱国哉”的句子，东汉荀悦所著的《汉纪·惠帝纪》中也有“亲民如子，爱国如家”的说法。可见，“爱国”的观念很早就在中华大地上出现了。此后，人们在长期的社会实践中，所逐渐形成的爱国情感与行为的理性升华，以及对个人与国家二者关系的理性认识，就在中华民族的精神中凝聚成了根深蒂固的爱国主义思想。爱国主义体现的是人民对自己国家的深厚情感，反映的是个人对国家的依存关系，是人们对于自己家国故土、民族和文化的归属感、认同感、尊严感与荣誉感的统一。它表现为人们对于自己国家的忠诚和热爱，为国家、民族的独立与富强而斗争的献身精神，以及对国家前途、民族命运和人民幸福的高度责任感和理性自觉。

《礼记·大学》中所说的“修身、齐家、治国、平天下”，自春秋时期以来，就是所有读书人的崇高志向。他们自小就把人生的远大目标定位于为国家而奋斗。无论是汉代司马迁的“常思奋不顾身，而殉国家之急”，宋代范仲淹的“先天下之忧而忧，后天下之乐而乐”，还是明末清初顾炎武的“天下兴亡，匹夫有责”，清代后期林则徐的“苟利国家生死以，岂因祸福避趋之”，都鲜明地反映着中国传统社会中仁人志士们的爱国主义社会责任感。也正是这种浓烈的爱国主义社会责任感，激励着中华民族无数人为了国家与民族的兴亡，在民族和国家利益受到威胁时勇于拼搏，敢于牺牲。

战国时期楚国著名爱国诗人屈原，为国家强大，大力主张对外联齐抗秦，对内选贤任能，虽为众小所嫉遭谗被黜，却始终不忘自己的祖国和人民，表示“虽九死其犹未悔”“伏清白以死直”，在楚都郢为秦兵攻破时，沉江殉国，表现出了崇高的爱国节操；汉代苏武出使西域，面对单于的威逼利诱，宁死不屈、坚决不降，被迫沦为匈奴的奴隶，牧羊19年才得以回国，显示了不畏强权、坚贞不屈的爱国气节；南宋抗元名臣文天祥，被俘后拒不投降，慷慨就义，以“人生自古谁无死，留取丹心照汗青”的名句抒写了浩然正气和耿耿丹心；爱国诗人陆游病危之际，仍在嘱咐后人，“王师北定中原日，家祭无忘告乃翁”；著名抗倭将领戚继光，为保边疆安宁，“一年三百六十日，多是横戈马上行”。几千年来，中华民族涌现出无数的爱国英雄，传诵着数不清的爱国诗篇。爱国主义作为中华民族精神的核心，始终是各民族、各阶层团结一致的强大动力，支撑着中华民族团结奋斗、发展繁荣的伟大实践。

中华民族传统中精忠报国的爱国情操，在中国历史上一直具有着不可替代的作用，但其中也有把爱国等同于“君让臣死，臣不得不死”，仅忠于君主个人的“愚忠”倾向，以及往往以“大汉族”为中心的狭隘民族主义的表现，因此，爱国主义也具有历史性的特点。在不同历史时期，它的具体含义会体现出不同的历史认识。中国现代爱国主义已打破了这些局限性，并在继承和发展传统爱国主义中优秀思想的基础上，让精忠报国的爱国情操成为新时期更为先进的民族精神。当今的爱国主义中，爱国是指热爱自己的祖国和民族以及自己祖国和民族的人民。民族指的是中华民族这个大的民族概念，而不仅仅是汉族或是其他民族等狭义的民族概念。

爱国主义是在人类社会发展进程中形成和巩固起来的对自己祖国的一种深厚感情，也是人们忠诚、热爱、报效祖国的一种融情感、理性和意志于一体的社会意识。中华民族能够生生不息、薪火相传，其重要原因就是爱国主义传统深深地融入了民族意识之中，成为中华民族的精神血脉。因此，爱国主义价值取向在当代中国同样具有着重要的意义。

在社会主义核心价值观中，爱国是所有社会公民应坚守和秉持的基本道德规范和基本价值取向，没有了爱国情愫这个最基本的归属感，敬业、诚信、友善等就都失去了基本目标和基本依托，也就失去了基本的原生动力。就整个中华民族来说，爱国主义不仅在几千年绵延发展的历史长河中，始终是激昂的主旋律，始终是激励人民自强不息的强大力量，而且直至今天，爱国主义也仍然是中华民族精神的核心。爱国主义精神深深植根在中华民族的心中，是中华民族的精神基因，维系着中华大地上的团结统一，激励着一代又一代中华儿女为祖国发展繁荣而不懈奋斗。

新的世纪，世界各国之间综合国力的竞争日趋激烈。在激烈的国际竞争中，中华民族立于不败之地的一个重要保障，就是高扬爱国主义旗帜，最大限度地团结全国各族人民和港澳台以及广大海外同胞，激发起爱我中华、建我中华、强我中华的爱国热情。“人心齐，泰山移”，只要中华儿女万众一心，奋发图强，艰苦奋斗，就一定能战胜任何艰难险阻，多少代人所企盼的中华民族伟大复兴的目标就一定会实现。

第四节　团结进取的奋斗精神

“岂曰无衣？与子同袍。王于兴师，修我戈矛，与子同仇！”这是《诗经·秦风》中《无衣》的第一段，意思是说，怎么能说没有战衣？把我的战袍分享给你。君王发兵去打仗，我要修整好戈和矛，和你一起去杀敌！这首诗共三段，其余两段大意相同，只是把“与子同袍”换成了“与子同泽”“与子同裳”，把“修我戈矛”换成了“修我矛戟”“修我甲兵”，把“与子同仇”换成了“与子偕作”“与子偕行”。这也是中国较早的一首战歌，表现的是秦国军民慷慨激昂、同仇敌忾的气概。据《左传·定公四年》记载，公元前506年，吴国军队攻陷楚国的都城郢，楚臣申包胥到秦国求援，秦哀公最初不肯施救，申包胥“立依于庭墙而哭，日夜不绝声，勺饮不入口，七日，秦哀公为之赋《无衣》，九顿首（叩了九次头以示感谢）而坐，秦师乃出”。清末陈继揆在《读诗臆补》里评价《无衣》一诗说：“开口便有吞吐六国之气，其笔锋凌厉，亦正如岳将军直捣黄龙。”这首诗中，洋溢的正是团结互助、共克艰困、愤发进取的爱国主义和集体主义精神。

中华民族向来崇尚团结进取的集体主义精神。这在中国古代军事文化中表现得尤为突出。古代军事家在长期的军事实践中，无一不重视团结共进的集体力量。《孙子兵法·计篇》中说：“道者，令民与上同意也，故可以与之死，可以与之生，而不畏危也。”同书《谋攻》一篇明确提出，“上下同欲者胜”，将万民同心协力看作是比天时、地利还要重要的战争胜利条件。在《吴子兵法·图国》中，吴起的团结意识更强，他说：“不和于国，不可以出军；不和于军，不可以出阵；不和于阵，不可以进战；不和于战，不可以决战。”把团结一致作为参加战争的先决条件。《管子·法禁》中引用《泰誓》中的话，总结商代灭亡、周代兴起的原因时说：“纣有臣亿万人，亦有亿万之心；武王有臣三千而一心。故纣以亿万之心亡，武王以一心存。”明代戚继光则在《练兵实纪》中说：宋代时就有人称赞岳家军是“撼山易，撼岳家军难”。一名军士，不过一百斤气力罢了，如何比山还难撼？只是因为岳家军“军士万人一心，一个百斤力，万个百万斤力矣，如何撼得动？”中国民间也流传着一根筷子容易折、十根筷子折不断的故事。这些都说明，团结一直是中华民族的共同品格，是在几千年的历史进程中孕育出来的传统文化基因，也是中华民族构成凝聚力和向心力的源泉。

团结的目的是共同进取，发愤图强。《周易·乾卦·象传》中有这样一句话：“天行健，君子以自强不息。”在《论语·述而》中，孔子曾自称“发愤忘食，乐以忘忧，不知老之将至”。屈原在《离骚》中也说：“路漫漫其修远兮，吾将上下而求索。”这些都是对中华民族百折不挠、积极进取精神的直接反映。在古代战场上，奋死拼杀就是最重要的战斗精神。《韩非子·初见秦》中说：“夫一人奋死可以对十，十可以对百，百可以对千，千可以对万，万可以克天下矣。”这就是团结进取的力量。团结进取靠的是勇气。“勇”和“气”在古代军事中是两个概念。“勇”就是勇敢，是军人必备的素质。狭路相逢勇者胜，《孙子兵法》中将“勇”作为军将的“五德”之一，并强调，欲求兵胜，必须“齐勇若一”，认为“兵之胜负，全在勇怯”。“气”指的是战斗意志和精神状态，同样是战场上的重要因素，《尉缭子·战威》中说：

“夫将之所以战者，民也；民之所以战者，气也；气实则斗，气夺则走。”《吕氏春秋·决胜》中也说：“夫民无常勇，亦无常怯。有气则实，实则勇；无气则虚，虚则怯。”古人把“气”作为临战勇怯、战斗胜败的重要因素。《左传·庄公十年》中曹刿论战时提到：“夫战，勇气也。一鼓作气，再而衰，三而竭。”勇气就是敢于进取、精神饱满的斗志，表现为完成任务的坚定信念、英勇顽强的抗争精神、临危不惧的无畏气概，以及坚韧不拔的持久耐力等。由于战场是血与火的较量，在战争中那种敢打硬仗、善打恶仗的战斗意志，英勇顽强、不怕牺牲的优良品格，无坚不摧、无难不克的英雄气概等，都把传统的中华民族团结进取的奋斗精神体现得更为具体，更为突出，也更能产生巨大的激励作用和榜样作用。

团结进取的奋斗精神，同时也深入到中华民族社会生活的各个领域。这种精神源远流长，可以说，中华民族几千年的文明史就是一部劳动人民的艰苦奋斗史，“艰难困苦，玉汝于成”。

在漫长的古代社会里，中华民族不仅历经了频繁的战乱，更是一次次战胜了疫病、地震以及蝗灾、水灾、旱灾。中华民族依靠自己的勇敢、勤劳和智慧，开创了各民族和平共处的美好家园，培育了历久弥新的优秀文化，为人类的文明进步做出了不可磨灭的贡献，并长期在人类文明史上处于领先地位。据《自然科学大事年表》一书的统计，在明代以前，世界上重要的创造发明和重大的科学成就大约有300项，其中中国就占据了175项。英国经济学家安格斯·麦迪森在《世界经济千年史》中的统计也表明，1820年时，中国的国内生产总值已达全世界的三分之一，经济规模最大。

然而，自1840年第一次鸦片战争开始，中国遭到了西方列强一次又一次的入侵与殖民掠夺，国家地位一落千丈，社会资源惨遭哄抢和破坏，国家领土被瓜分。人民颠沛流离，生灵涂炭，民族危机日益加剧。面对苦难，中华民族没有屈服，而是继续发扬团结进取的奋斗精神，在救亡图存的道路上百折不挠、前赴后继。一批又一批有识之士艰辛探索复兴之路，提出了各种复兴方案。林则徐、龚自珍、魏源开眼看世界，提出“师夷长技以制夷”的方案，开启了向西方学习的先河；曾国藩、李鸿章等洋务派人士力求在维护旧有制度前提下引进西方技术，实现自强、求富的目标；康有为、梁启超等改良派人士把西方政治理论同中国古代政治理想结合起来，谋求通过维新变法摆脱积弱积贫的局面。而以孙中山为代表的资产阶级革命派，明确提出“振兴中华”的口号，经过多年努力终于打破了旧制度，创立了“中华民国”。但是，接踵而至的帝制复辟和军阀混战，又使中国陷入了新的混乱局面，直到中国共产党领导中国新民主主义革命获得最终胜利，建立了中华人民共和国，掀开了中华民族历史发展的新纪元，人民获得了解放，民族获得了尊严，国家获得了独立。新中国成立以来，经过中华民族的不懈努力、砥砺奋进，国家发生了天翻地覆的变化，中国的发展不断取得重大成就。中华民族走上了实现伟大复兴的壮阔道路。

历史表明，中华民族是有着团结进取、艰苦奋斗光荣传统的民族，今天中国人民拥有的一切都是中华民族数千年来矢志不渝、不懈奋斗的结果。中华民族虽历经千辛万苦，却没有被任何困难击败过。正是团结进取、不懈奋斗，才造就了中华民族精神、意志、力量的一次次升华。正是由于团结进取的奋斗精神在动员和鼓舞着中华民族为了生存和发展前赴后继、奋斗不息，才让这个民族不论经历怎样的艰难困苦、坎坷曲折，还是经历怎样的屈辱忧惧、危难凶咎，都仍然能够生生不息、薪火相传。

民族精神，作为一个民族文化的精髓和灵魂，不仅是民族凝聚力、创造力、生命力的集中体现，也是国家与社会持续发展的思想动能。中华民族在长期奋斗中培育、继承、发展起来的伟大民族精神，一直在为中国的发展和人类文明的进步提供着强大的精神动力。

参考文献

[1] 丁日昌．百将图传[M]．北京：文物出版社，2019.

[2] 高锐．中国上古军事史[M]．北京：军事科学出版社，1995.

[3] 葛剑雄．历史上的中国：中国疆域的变迁[M]．上海：上海锦绣文章出版社，2007.

[4] 葛剑雄．统一与分裂：中国历史的启示[M]．北京：商务印书馆，2013.

[5] 顾颉刚，史念海．中国疆域沿革史[M]．北京：商务印书馆，1999.

[6] 黄道周．广名将传[M]．北京：书目文献出版社，1986.

[7] 军事科学院．中国军事通史：1-17卷[M]．北京：军事科学出版社，1998.

[8] 军事科学院战争理论与战略研究部．中国将帅名录

[M]. 北京：解放军出版社，2007.

[9] 李少一，刘旭. 干戈春秋——中国古代兵器史话[M]. 北京：中国展望出版社，1985.

[10] 李苏鸣. 军事语言研究[M]. 北京：人民武警出版社，2006.

[11] 刘展. 中国古代军制史[M]. 北京：军事科学出版社，1992.

[12] 鲁世山，韩燕. 军事的文化精神[M]. 合肥：安徽人民出版社，2010.

[13] 陆敬严. 中国古代兵器[M]. 西安：西安交通大学出版社，1993.

[14] 罗哲文. 长城史话[M]. 北京：北京出版社，2018.

[15] 王敬. 中国名将传[M]. 南京：中国文化学会，1935.

[16] 王烨. 中国古代兵器[M]. 北京：中国商业出版社，2015.

[17] 徐勇，张焯. 简明中国军制史[M]. 哈尔滨：黑龙江人民出版社，1991.

[18] 许保林. 中国兵书通览[M]. 北京：解放军出版社，2016.

[19] 柳玲. 中国古代兵书[M]. 台北：台湾商务印书馆，1994.

[20] 袁行霈，严文明，等. 中华文明史 [M]. 北京：北京大学出版社，2006.

[21] 张海霞，闫燕秋. 兵家文化 [M]. 北京：时事出版社，2015.

[22] 张预. 十七史百将传 [M]. 北京：解放军出版社，1991.

[23] 中国军事百科全书编审委员会. 中国军事百科全书 [M]. 北京：中国大百科全书出版社，2015.

[24] “中国军事史”编写组. 中国军事史：1–6 卷 [M]. 北京：解放军出版社，1983–1985.

[25] 中国人民革命军事博物馆. 中国战争发展史 [M]. 北京：人民出版社，2001.

[26] 中国人民革命军事博物馆. 中国战典 [M]. 北京：解放军出版社，2008.

[27] 周健. 中国军事法的传统 [M]. 北京：海潮出版社，2002.

[28] 中央电视台军事部，军事科学院战略部. 中华名将 [M]. 北京：金盾出版社，1995.